KB192627

믿음의 증거

믿음의 증거

지은이 존 맥아더
옮긴이 김명화
펴낸이 김명식
펴낸곳 (주)넥서스

초판 1쇄 발행 2010년 1월 20일
초판 4쇄 발행 2014년 9월 5일

2판 1쇄 발행 2015년 7월 25일
2판 2쇄 발행 2015년 7월 30일

출판신고 1992년 4월 3일 제311-2002-2호
121-893 서울시 마포구 양화로8길 24
Tel (02)330-5500 Fax (02)330-5555

SBN 979-11-5752-476-1 03230

저자와 출판사의 허락 없이 내용의 일부를 인용하거나
발췌하는 것을 금합니다.

가격은 뒤표지에 있습니다.
잘못 만들어진 책은 구입처에서 바꾸어 드립니다.

www.nexusbook.com
넥서스CROSS는 (주)넥서스의 기독 브랜드입니다.

최고의 성경 해석가
존 맥아더의 증언

믿음의 증거

성경 속 믿음과 순종의 인물

존 맥아더 지음 | 김명화 옮김

IN THE FOOTSTEPS OF FAITH

넥서스CROSS

믿음의 발자취를 따라서

토머스 브룩스(Thomas Brooks)는 "실례(實例)는 가장 힘 있는 수사법이다"라고 하였다. 그는 옳았다. 영적인 지도력에서 가장 중요한 것은 본이 되는 삶의 능력이다. 우리는 성경에서 제시하는 삶의 원칙들과 함께 우리가 따라야 할 모델이 필요하다. 왜냐하면 원칙보다 본받을 만한 삶에 더 끌리기 때문이다. 우리는 계율이나 원칙을 충실하게 지키기보다는 본이나 모델을 따르는 것을 더 잘한다.

그렇다면 실례가 더 힘이 있는 이유가 무엇일까? 왜 이것이 '가장 힘 있는 수사법'인가? 실례는 원칙이 할 수 없는 것을 보여준다. 원칙과 계율은 우리에게 의무에 관해 가르친다. 그러나 실례는 다른 어떤 사람이 그것을 행했기에 우리도 그 의무를 다하는 것이 가능하다는 확신을 준다. 만일 영적인 덕목에 관해 모델로 삼을 수 있는 사람이 없다면 그러한 덕목을 행하는 것은 불가능하다고 쉽게 생각할 수 있다. 당신도 그렇지 않겠는가? 당신이 성경을 읽고 그 계율에 대해 순종하려 할 때 당신은 자신의 약함, 실패감, 죄를 보게 된다. 이로 인해 하나님의 말씀에 순종하는 것이 자신의 능력 밖에 있는 것처럼 여기기 쉽다.

그러나 우리는 영적인 덕목에 있어서 모델이 되는 누군가를 볼 때 신실한 삶을 살고 있는 실재(實在)를 만나게 되는 것이다. 바울은 실례의 중요성을 이해하였다. 그는 빌립보서 4장 9절에서 이렇게 말하였다. "너희는 내게 배우고 받고 듣고 본 바를 행하라." 그는 디모데에게 말했다. "누구든지 네 연소함을 업신여기지 못하게 하고 오직 말과 행실과 사랑과 믿음과 정절에 있어서 믿는 자에게 본이 되어"(딤전 4:12). 베드로도 교회의 장로들에게 권위로 주장하는 자세를 갖지 말고 오직 경건한 본이 되라고 권고하였다(벧전 5:3).

믿는 자로서 우리는 원칙에 살을 붙이고 계율에 생명력을 더한 사람들의 발자취를 따라야 할 필요가 있다 ― 그들은 우리가 삶을 드려 따라갈 본으로 삼을 수 있다. 이 책에서는 내가 좋아하는 성경인물들 중에서 본이 되는 삶을 살았거나 중요한 사건 속에서 순종을 통해 하나님께 신실함을 보인 실례가 되는 이들의 삶을 묘사하였다.

히브리서 저자는 이렇게 말한다. "믿음은 바라는 것들의 실상이요 보이지 않는 것들의 증거니 선진들이 이로써 증거를 얻었느니라"(히 11:1~2). 사람들은 때로 믿음과 소망을 혼동할 때가 있다. 소망이란 그렇게 될 것 같지는 않지만 미래에 실현되기를 간절히 바라는 것이다. 그러나 믿음이라는 것은 사실이나 실재로, 막연한 바람과는 반대되는 것이다. 하나님 말씀에 기초를 둔 믿음은 완전한 확실성에 초점을 맞춘다.

구약의 성도들은 그들의 죄를 없애줄 메시아가 온다는 약속을 받아들였다. 그들은 메시아에 대해 어렴풋하고 모호하게 이해했음에도 불구하고 하나님을 믿었다. 그리고 성도들은 자신들의 소망이 이뤄질 것을 믿었고, 확신했다.

하나님께로부터 "증거(인정)를 얻은 선진들"은 다른 어떤 것이 아닌 그들의 믿음 때문에 인정을 받은 것이었다. 하나님은 항상 믿음의 사람이 누구인지를 아시고 인정하신다. 하나님은 자신을 신뢰하는 사람들을 인정하신다. 그리고 다양한 축복을 통하여 그들을 인정하고 계심을 보여주신다. 그래서 모든 성경인물은, 하나님께서 기뻐하시는 그들의 믿음을 하나님의 증거로 얻었다.

이는 신약의 그리스도인들에게도 동일하였다. 베드로는 말하기를 "예수를 너희가 보지 못하였으나 사랑하는도다 이제도 보지 못하나 믿고 말할 수 없는 영광스러운 즐거움으로 기뻐하니 믿음의 결국 곧 영혼의 구원을 받음이라"라고 하였다 (벧전 1:8~9).

진정한 믿음은 그 대상을 전적으로 신뢰하는 것이다. 그리스도인들에게 이는 하나님과 그분의 약속을 신뢰한다는 의미이다. 그리고 이것이 이 책에서 소개하는 각각의 믿음의 인물들에게서 기본적으로 볼 수 있는 특성이다. 그들은 모두 하나님을 믿었고 그에 따른 반응을 보였다.

나는 믿음의 사람들에 관해 잘 표현하기 위해, 구약과 신약에서 9명의 남자들과 4명의 여자들을 선정하여, 크고 작은 방법으로 하나님께 순종한 그들의 믿음을 증명하였다. 구약에서는, 이전에는 무엇인지도 모르는 방주를 만들라 하신 하나님의 명령에 순종함으로 신실함을 나타낸 노아를 시작으로, 열방을 위해 신실한 삶의 본을 보인 아브라함, 그리고 몇 가지의 중요한 결정들로 하나님께 순종한 모세를 볼 것이다.

또한 우리는 라합이 주님의 정탐꾼 두 명을 어떻게 보호하였고, 이로 인해 어떻게 하나님의 신실함 가운데 놓이게 되었는지를 볼 것이다. 다음으로 거룩한 어머니의 위대한 본이 되는 한나를 볼 것이며, 요나를 통해 하나님께서 어떻게 고집스럽고 불순종하는 종을 유용하고 신실한 선교사로 바꾸실 수 있는지를 볼 것이다.

신약에서는 첫 번째로 예수님의 어머니였던 마리아를 볼 것이다. 그녀는 하나님을 어떻게 예배해야 하는지에 관한 이상적인 예가 된다. 그러고 나서 주님의 사촌이었던 세례 요한을 통해 왜 예수께서 그를 일컬어 여자가 낳은 자 중에 이보다 큰 이가 없다고 말씀하셨는지를 볼 것이다.

믿음에 관해 더 흥미로운 예들 중 하나는 우리가 종종 실패와 연관짓는 사도 베드로이다. 그러나 예수께서는 이 실패를 사용하셔서 그를 신실한 지도자로 세우셨기에, 결국 그것은 우리에게 소망을 주는 실패이다.

아마도 성경에서 사도 바울보다 더 훌륭한 예는 없을 것이다. 예수님은 교회를 미워하던 사람을 위대하고 신실한 지도자로 바꾸셨다. 바울을 통해 회심한 사람 중 한 명으로 성경에서 간단히 언급된 루디아라는 여인은 우리 모두가 믿음을 하나님의 선물로 받았음을 격려해준다.

신약에서 빼놓을 수 없는 인물은 디모데이다. 왜냐하면 그는 바울이 보인 본을 잘 따랐기 때문이다. 바울과 디모데를 신실하게 섬긴 또 한 사람은 그다지 잘 알려지지 않은 에바브로디도이다. 그러나 그의 희생적인 섬김의 본은 그가 보인 겸손한 신실함의 길을 따르려는 모든 사람에게 귀감이 된다.

마지막으로, 우리 주 예수 그리스도, 그분에 관해 논의하지 않고는 영적인 모델에 관해 완성할 수 없다. 예수님은 우리의 궁극적이고 완벽한 믿음과 겸손한 순종의 본이시다.

이 책을 통해 당신이 이 위대한 인물들의 삶을 당신의 삶의 본으로 삼을 수 있기를 기도한다. 그래서 또 다른 누군가가 당신의 믿음의 발자취를 따라갈 수 있게 되기를 소망한다.

존 맥아더

Noah
: A Faith that Obeys

1장

노아:순종의믿음

사단은 수세기에 걸쳐 끊임없이 믿음과 행동의 관계에 대해 세상 사람들은 물론 그리스도인들까지 혼란을 주고 있다. 사단은 사람들에게 선행을 하면 구원받을 수 있다는 확신을 심어주려 한다. 그러나 그 계략에 빠지면, 사람들은 실제로 구원받지 못할 것이다.

사단은 또한 그리스도인들이 양극단 중 하나를 받아들이도록 설득한다. 이 양극단은 선행이 구원을 유지하는 데 필요하다고 하는 것(율법주의)과 구원은 믿음을 통해 되는 것이기에 선행은 불필요하다고 보는 것이다(방종주의). 그러나 성령께서는 믿음을 통해 은혜로만 구원을 받는다고 분명하게 말씀하셨다. 그리고 그들이 구원받을 때, 선행은 항상 그들의 믿음의 고백을 입증할 것이다. 사도 야고보는 이를 이렇게 묘사한다.

내 형제들아 만일 사람이 믿음이 있노라 하고 행함이 없으면 무슨 유익이 있으리요 그 믿음이 능히 자기를 구원하겠느냐 만일 형제나 자매가 헐벗고 일용할 양식이 없는데 너희 중에 누구든지 그에게 이르되 평안히 가라, 덥게 하라, 배부르게 하라 하며 그 몸에 쓸 것을 주지 아니하면 무슨 유익이 있으리요 이와 같이 행함이 없는 믿음은 그 자체가 죽은 것이라(약 2:14~17).

만일 하나님을 향한 우리의 믿음이 진정으로 살아 있다면, 우리가 하나님을 어떻게 섬기는지를 통해 드러날 것이다(약 2:26 참조). 사도 바울은 성도들에게 "우리는 그가 만드신 바라 그리스도 예수 안에서 선한 일을 위하여 지으심을 받은 자니 이 일은 하나님이 전에 예비하사 우리로 그 가운데서 행하게 하려 하심이니라"(엡 2:10)고 기록하였다. 믿음의 영웅들에 관해 기록한 히브리서 11장의 말씀에 의하면 그들은 진리를 위해 서고 선행을 행함으로 믿음의 진실성을 증거 하였다. 노아도 예외는 아니었다.

히브리서 11장 7절에 따르면, 노아의 삶은 역사 속 어느 누구보다 더 순종하는 믿음을 가진 사람으로 묘사된다. "믿음으로 노아는 아직 보이지 않는 일에 경고하심을 받아 경외함으로 방주를 준비하여 그 집을 구원하였으니 이로 말미암아 세상을 정죄하고 믿음을 따르는 의의 상속자가 되었느니라."

이 말씀은 노아의 삶과 그의 믿음에 대해 네 가지를 보여준다. 첫째, 하나님께서 말씀하시는 것을 순종함으로 반응하였다. 둘째, 방주는 영적으로, 실제적으로 중요성을 갖고 있다. 셋째, 노아는 자신의 삶을 통해 세상의 악한 자들을 책망한다. 넷째, 하나님께서는 노아에게 의로운 유업을 주셨다.

하나님의 명령에 대한 노아의 반응

노아는 초대 역사의 중요한 과도기에 살았다. 창세기 5장 28~32절 말씀에서 그는 아담에서 셋까지의 거룩한 계보에서 홍수 이전의 마지막 자손이었음을 보여준다(창 5:1~27 참고).

라멕은 백팔십이 세에 아들을 낳고 이름을 노아라 하여 이르되 여호와께서 땅을 저주하시므로 수고롭게 일하는 우리를 이 아들이 안위하리라 하였더라 라멕은 노아를 낳은 후 오백구십오 년을 지내며 자녀들을 낳았으며 그는 칠백칠십칠 세를 살고 죽었더라 노아는 오백 세 된 후에 셈과 함과 야벳을 낳았더라(창 5:28~32).

노아가 살던 시대의 인류는 하나님께 악행과 반항이 너무 심했다. "땅 위에 사람 지으셨음을 한탄하사 마음에 근심하시고 이르시되 내가 창조한 사람을 내가 지면에서 쓸어버리되 사람으로부터 가축과 기는 것과 공중의 새까지 그리하리니 이는 내가 그것들을 지었음을 한탄함이니라"(창 6:6~7).

그러나 말씀이 계속 되면서 노아에게 큰 소망이 있음을 보여준다. "그러나 노아는 여호와께 은혜를 입었더라 … 노아는 의인이요 당대에 완전한 자라 그는 하나님과 동행하였으며"(창 6:8~9). 주석가인 제임스 몽고메리 보이스(James Montgomery Boice)는 노아의 유리한 상황의 중요성에 대해《창세기Genesis : An Expositional Commentary》에서 기술하였다.

노아는 믿음의 환경에서 자랐고 하나님의 은혜를 입었다. 우리는 "노아는 의인이요 당대에 완전한 자라 그는 하나님과 동행하였으며"(창 6:9)라고 들었다. 이는 노아가 하나님을 위해, 하나님과 함께 홍수 이전 세대의 불경건함에 대해 맞설 수 있었기 때문이었다. 노아는 어떻게 하나님 앞에서 완전한 자라고 불리게 되었는가? 이 질문에 대한 답을 찾기 위해 우리는 창세기 8절을 봐야 한다. "그러나 노아는 여호와께 은혜를 입었더라"고 되어 있다. 어떤 사람들은 이 구절을 읽으면서 노아가 의롭고 온전한 삶을 살았기 때문에 하나님께 은혜를 입었다고 생각한다. 그러나 그런 식으로 읽는 것은 거꾸로 본 것이다. 9절이 8절 앞에 오지 않았고, 심지어 그 사이에 "노아가 의로웠기 때문에 은혜를 입었더라"고 하는 것과 같은 접속사나 분사도 없다. 사실, 노아의 의로움은 그가 은혜를 입은 산물로 은혜의 증거였지 그 원인이 아니었다. 즉, 하나님의 은혜는 누구에게라도 올 수 있다는 것이 위대한 성경적 원칙이다. 우리는, 하나님께서 우리의 모습, 직업, 미래만을 보시고 우리를 사랑하신다고 상상한다. 그러나 하나님께서는 이러한 것들 때문에 우리를 사랑하시는 것도, 은혜를 베푸시는 것도 아니다. 오히려 그분은 단지 우리를 사랑하기에 사랑하시는 것이다. 하나님께서 은혜를 베푸시는 분이기에 우리에게 은혜로우신 것이다.

노아는 하나님 앞에 믿음으로 견고히 섰기 때문에 방주를 지으라는 하나님의 명령에 순종할 수 있었다. "하나님이 노아에게 이르시되 모든 혈육 있는 자의 포악함이 땅에 가득하므로 그 끝 날이 내 앞에 이르렀으니 내가 그들을 땅과 함께 멸하리라 너는 고페르 나무로 너를 위하여 방주를 만들되 그 안에 칸들을 막고 역청을 그 안팎에 칠하라"(창 6:13~14). 노아는 명령을 받고 즉시 방주를 짓기 시작했다. 그는 메소포타미아(이곳은 소위 문명의 요람이라 불리는 곳으로 티그리스와 유프라테스강 사이에 있는 마른 땅)에서 살았기 때문에, 하나님의 명령이 너무 이상하고 터무니없다고 들렸을 텐데도 말이다.

게다가 노아는 하나님께서 명령하시기 전에 작은 홍수조차도 본 적이 없었을 것이다. 왜냐하면 홍수 이전에는 아마도 비가 내리지 않았을 것이기 때문이다. 그러므로 히브리서 11장 7절에서 말하기를 노아는 믿음으로 하나님의 말씀에 온전히 반응하였다고 하였다. 이것이 "바라는 것들의 실상이요 보이지 않는 것들의 증거"이다(히 11:1). 하나님의 명령은 그가 방주를 만드는 일을 하기에 충분했다.

우리는 하나님의 명령이 난처하고, 부담스럽고, 압도적이면, 우리는 아무것도 하지 않거나 명령을 따르지 않기 위해 변명을 늘어놓게 된다. 그러나 노아는 하나님께 묻지도, 불평하지도, 다른 사람에게 미루지도 않았다. 그리고 하나님께 순종하고 그분의 지시를 이행하는 데만 1세기 이상이 걸렸다. 노아는, 주님으로부터 온 믿을 수 없고 어마어마한 일을 마치는 데 신실하게 인내한 최고의 예가 된다.

노아의 믿음을 보며 우리가 깨달아야 할 것은, 노아는 자신이 무엇을 만들고 있는지 전혀 알지 못했다는 것이다. 이전에 한 번도 그렇게 큰 배가 만들어 진 적이 없었기 때문이다(그리고 대양을 본 사람도 아무도 없었다). 그리고 아마도 노아는 아들들의 도움을 받지도 못했을 것이다. 창세기 5장 32절에 의하면 노아의 아들들이 태어났을 때 그는 최소 500살은 되었기 때문이다. 따라서 노아가 처음으로 방주를 만든 재목으로 쓰려는 나무를 찍은 것은 세계사에서 가장 위대한 믿음의 행동 중 하나일 것이다.

히브리서 11장 7절에서 노아는 "경외함으로 방주를 준비"하였다. 헬라어로 '경외함(reverence)'은 '경건한 돌봄이나 관심'으로 번역될 수 있다. 이는 노아가 영적으로 진실하게 헌신했다는 것을 의미한다. 그는 하나님의 말씀에 존경과 경외함으로 반응했다. 우리가 알다시피 하나님께서 방주를 만들라고 그에게 지시하실 때 그는 이미 순종하는 믿음을 가진 사람이었다(창 6:9). 작은 일에 충성된 사람이었기에 하나님께서 훨씬 더 큰 과업을 주신 것이다.

방주의 중요성

노아 방주의 정확한 크기는 확실히 알 수 없다. 노아 시대에 사용한 규빗은 가장 오래된 단위로 약 45센티미터 정도일 것이다(이는 팔꿈

치에서 손가락 끝까지의 길이다). 이렇게 환산할 때 방주는 대략 길이가 134미터, 넓이가 22미터, 높이가 13미터였다. 이는 거의 미식축구 경기장의 1.5배 정도 길이에, 4층 건물보다 더 높은 크기이다. 이를 합하면 약 30평방킬로미터가 되었고 전체적인 크기는 약 300입방킬로미터가 되었다. 이 엄청난 선박은 모양새나 기동성보다는 안정성에 비중을 두고 고안된 것이었다. 현대 해양 공학자들의 연구에 의하면, 이 방주가 가장 안정성 있는 배의 형태라는 것을 확증했다.

완성된 방주는 실제로 바다에서 사용할 만한 거대한 선박이었으며, 모든 인류에 대한 하나님의 구원 계획과 영적인 유사점을 보여주고 있다. 로버트 S. 캔들리쉬(Robert S. Candlish)는 이것에 대해《창세기 연구*Studies in Genesis*》에서 생생하고도 절박한 그림을 보여주고 있다.

이 방주를 보라. 거기에는 죄수들이 있다. 그들은 분명히 죽기 위해 갇혀 있다. 그러나 그들은 견고한 진으로 도망갔기에 소망을 가진 죄수들이다. 어떠한 진노의 홍수도 그들을 둘러싸고 있는 방주를 뚫지 못한다. 그들의 피난처는 "그 안에 칸들을 막고 역청을 그 안팎에 칠한"(창 6:14) 것이었다. 이것은 가장 안 좋은 날씨에도 끄떡없는 것이었다. 역청이라는 말뜻은 속죄 또는 희생을 통하여 죄를 덮는다는 것이다.

그래서 역청이 상징하는 바는 일시적이거나 영원한 모든 종류의 공포와, 현재나 미래의 모든 멸망으로부터 그들이 완전히 안전하다는 것이다. 그들의 새로운 거주지에는 안팎으로 역청이 칠해져 있었다. 역청은 폭풍우로부터 효과적으로 숨을 수 있는 피난처요, 비바람을 피할 수 있는 은신처가 되었다. 그리고 이것은 한 사람이 모든 죄인에게 한 일과 같다. 그분은 바로 예수 그리스도셨다(사 32:2).

다시 방주 없이 보라. 거기에도 죄수들이 있다. 그들은 "영적으로 감옥에 갇혀 있는 자들"이다. 그들은 범죄자로 판결받고, 분노의 파도가 덮치려는 위험한 요새에 갇혀 있다. 이 죄수들이 모두 생기 넘치고 즐거워하며, 방주 안에 갇혀 있는 사람들을 불쌍해하고 있는 것이 보이는가? 그들이 들떠 있거나 들뜨기 위해 노력하고 있는 것이 보이는가?

다시 한 번 보고 들어보라. 번개가 치고, 엄청난 소음이 울려 퍼진다. 홍수가 시작되었다.

당신은 이 두 부류의 영적인 죄수들 중 어느 쪽에 있는가? 그러므로 노아는 방주를 예비함으로 "세상을 정죄하였다." 그들을 구원할 수 있었던 경고가 이제는 더 큰 정죄함으로 바뀌었다. 그러나 "그는 그의 생명을 보전"하였다(겔 33:9). 그리고 노아는 방주를 예비함으로 "그 집을 구원하였다"(히 11:7).

방주를 만들어야 하는 노아의 엄청난 과업은 시작부터 하나님의 언약과 깊이 연관되어 있었다(창 6:18). 그 언약은 또한 홍수에서 살아남은 "땅의 모든 생물"(창 9:16)과 맺은 것으로 모든 인류(노아와 그의 아들들의 자손들)를 포함하고 있다. 그러나 그 언약은 기본적으로 노아와 관련된 것이었고, 그는 "여호와께 은혜를 입었다"(창 6:8). 캔들리쉬는《창세기 연구》에서 하나님과 노아 사이의 언약의 중요성을 더 확장하였다.

사실 [홍수 사건으로 볼 때] 주께서 분을 참지 못하여 그분의 은혜로 우심을 잊은 것처럼, 자비하심이 영원히 사라져버린 것처럼 보인다(시 77: 8, 9).

그러나 그렇지 않다. 하나님께서는 언약을 기억하신다. "그러나 너와는 내가 내 언약을 세우리니 너는 네 아들들과 네 아내와 네 자부들과 함께 그 방주로 들어가고"(창 6:18). 하나님은 신실하시고 진실하셨다. 그분의 의로운 분노는 끔찍하였지만, 언약과 자비를 지키셨다. 그리고 항상 그분과 언약을 맺을 자들을 두셨다. 만일 바알에게 절하지 않은 7천 명의 사람이 없었더라도, 최소한 한 명은 그분의 은총을 입었을 것이다. 하나님께서 택하신 은혜와 사랑의 목적은 견고히 서 있었고, 자신을 저버린 세상의 모든 믿지 않는 사람은 이를 무효화 할 수 없었다. 하나님께서 아담을 파트너로 인정하셔서 처음으로 맺은 은혜의 언약은 모두 잊힌 것처럼 보였지만, 이런 절박한 위기 가운데에서 하나님은 다시 노아와 언약을 맺으신다. 그리고 거기에는 대단한 이유가 있었다. 이 언약은 아담이나 노아 때문에 맺어진 것이 아니다. 더욱이 타락 시의 아담과, 홍수 시의 노아와 맺어진 것도 아니다. 그랬다면 이 언약은 영원히 끝났어야 했다. 아담이나 노아 자신에게 어떠한 의로움과 능력이 있어서 타락으로 무너지는 세상에서 그들이 구원받고, 의로운 분 앞에서 의인이요, 완전한 자로 여김받게 되었겠는가? 그러나 언약은 그분의 사랑하는 아들과 맺어진 것이었다. 그리고 단지 거기에 속한 아담과 노아와 맺어진 것이다. 이로 인해 언약은 확실하고 영원한 것이 됐다. 땅이 움직이고 바다가 범람하여 산들이 흔들리는 동안에도, 하나님의 영으로 역사하는 믿음이 노아로 하여금 차분히 그 약속을 붙잡게 하였다. 그것은 여자의 후손이 뱀의 머리를 상하게 할 것이라는 약속이었다. 홍수 와중에도 희미하고 너무도 먼 것처럼 보이는 하나님의 아들 안에서 아버지의 언약으로 맺어진 사랑을 기업으로 여겼을 것이다. 그리고 그로 인해 기뻐했을 것이다.

노아의 이야기와 복음의 연관성은 긴밀한 것이다. 이번 장의 서두에서 언급했듯이, 노아는 하나님의 정결한 은혜로 의롭게 되었고, 의로운 자로 선포되었고, 이를 믿음으로 적용하였다.

사도 바울은 창세기 15장 6절을 인용하며, 구약에서의 칭의를 언급하였다. "성경이 무엇을 말하느냐 아브라함이 하나님을 믿으매 그것이 그에게 의로 여겨진 바 되었느니라"(롬 4:3). '여기다(reckon)'라는 단어는 '원인을 누구에게 돌리다, 신용하다, 간주하다'는 말로, 헬라어에서는 재정적인 의미와 법적인 의미를 모두 갖고 있다. 이것은 어떤 대용물로 다른 사람의 신용을 보장한다는 의미이다. 노아와 아브라함은 하나님을 믿었으며, 하나님께서는 그분의 의로움을 그들의 것으로 여기셨다(롬 4:1~8 참고).

세상을 정죄한 노아의 삶

하나님께서 노아를 부르시기도 전, 고대 사회는 도덕적으로나 영적으로 무너져 있었다. 역사에서 그 어느 때보다도 악이 가득 차 있었다. "여호와께서 사람의 죄악이 세상에 가득함과 그의 마음으로 생각하는 모든 계획이 항상 악할 뿐임을 보셨다"(창 6:5). 하나님께서 노아에게 주신 두 번째 과제는 하나님의 심판의 메시지를 선포하는 것이었다. 이는 당대 사람들의 죄와 불신앙 때문에 곧 심판이 있을 것이라는 메시지였다. 그래서 사도 베드로는 노아를 "의를 전파하는 노아"라고 하였다(벧후 2:5). 방주를 만들었을 때, 노아는 하나님의 진노가 있을 것이라고 사람들에게 경고했다.

노아 시대의 인류는 귀신에 사로잡혀 있었다. 나는 창세기 6장 2절에 나오는 "하나님의 아들들" 안에 타락한 천사와 귀신들이 거했다고 믿는다(벧전 3:19~20 참조). 그들이 죽을 수밖에 없는 여자들(사람의 딸들)과 극악무도한 성관계를 가졌다는 것은 인류의 죄성과 타락한 인류가 얼마나 죄악된 행위로까지 나아갔는지를 보여준다. 그와 같은 행동은 거룩하신 하나님의 인내를 소진시켰고, 그분은 회개하지 않는 죄인들에 대해 가장 극한 심판을 준비하셨다.

그러나 하나님께서는 마땅히 심판받아야 할 사람들에게도 심판하는 것을 즐기지 않으셨다(창 6:6; 벧후 3:9 참조). 그리고 앞으로 임하게 될 홍수를 120년간이나 미루셨다(창 6:3). 그래서 노아는 사람들에게 경고하고 회개하라고 권고할 수 있었다. 사도 베드로는 이 상황을 이렇게 요약하였다. "노아의 날 방주를 준비할 동안 하나님이 오래 참고 기다리실 때에"(벧전 3:20). 주님은 (홍수)심판을 예비하고 계시면서 동시에 노아를 사용하셔서 피할 길을 마련하시고 이웃에게 회개하라고 권고하셨다.

노아의 홍수 이전 사역은 성령께서 "사람들과 씨름했던" 일련의 사건의 절정이었다(창 6:3). 그 일련의 사건은 하나님을 기쁘시게 하는 아벨의 제사로, 올바른 예배에 대해 입증하는 것으로 시작하였다(창 4:4). 그 후 에녹의 삶의 방식은 주님과 진정으로 동행하는 자의 본이 되었다(창 5:24). 그 사이에 가인의 인간 중심의 예배와 살인으로 귀결되는 그의 죄악된 분노에 대한 하나님의 심판이 있었다(창 4:5~15). 이것이 계속되는 세대들에게 하나님께서 죄를 어떻게 보시는지를 상기시켜주어야 했다.

이러한 구체적인 예들에 더하여, 하나님의 자연 계시는 항상 그분의 능력과 친히 인류를 다스리고 계심을 입증하였다. "창세로부터 그의 보이지 아니하는 것들 곧 그의 영원하신 능력과 신성이 그 만드신 만물에 분명히 보여 알게 되나니 그러므로 저희가 핑계치 못할지니라"(롬 1:20). 노아 시대까지 사람들은 이미 충분히 경고를 받아, 죄에서 돌이킬 수 있는 기회가 얼마든지 있었다. 그런데 120여 년 동안 노아의 메시지를 듣고 회개하여 그의 직계가족과 합류한 사람이 하나도 없다는 것은 정말로 놀라운 일이다.

매해 도전과 낙심이 거듭되는 과정 가운데서 노아는 분명 하나님께서 명하신 책임들을 미루거나 포기하고 싶은 유혹이 있었을 것이다. 그러나 그는 하나님의 말씀을 전할 자격이 없다거나 배를 만들어본 경험이 없다는 이유로 변명하지 않았다. 그는 명령받은 대로, 해를 거듭하여 말씀을 전파하고 방주를 지었다. 그는 사람들로부터 심한 조롱과 사악한 반항, 그리고 냉담한 무관심을 경험해야만 했다. 의문이 풀리지 않고 진척의 기미가 보이지 않는 긴 세월에도 불구하고, 노아는 신실하게 지속적으로 하나님께 순종했다.

노아의 유업

홍수 이전 시대로부터 배울 수 있는 가장 유감스러운 교훈은 아주 사소한 것들이 이 세상을 어떻게 바꾸어놓았는지에 관한 것이다. 당시에도 거절되었던 하나님의 말씀은 오늘날에도 거절된다. 그 당시에 폭력, 부도덕, 부정직함, 격노, 살인, 신성모독, 참람함과 인간 중심의 모습들이 만연했었다.

이와 같은 모습들은 오늘날에도 여전하다. 그때에 은혜와 자비가 극히 적었던 것처럼 오늘날의 그리스도인들에게도 하나님의 은혜와 자비가 적은 경우가 많다. 세상 사람들은 하나님을 향한 기본적인 태도를 바꾸지 않고 있고, 그리스도가 재림할 때까지도 그러할 것이다.

노아의 때와 같이 인자의 임함도 그러하리라 홍수 전에 노아가 방주에 들어가던 날까지 사람들이 먹고 마시고 장가들고 시집가고 있으면서 홍수가 나서 그들을 다 멸하기까지 깨닫지 못하였으니 인자의 임함도 이와 같으리라(마 24:37~39).

노아의 의로운 삶과 순종적이고 믿음이 충만한 간증은 사악하고, 잔인하고, 우울한 세계와는 극명하게 대조된다. 그의 거룩함은 하나님께 반항하는 사람들을 정죄한다. 믿음의 사람은 비록 비난의 말을 하지 않더라도 그의 한결같은 삶으로 세상을 비난한다.

노아는 우리에게 가치 있고 교훈적인 유업을 남겨주었다. 그는 성경에서 처음으로 "의인"이라고 불렸다(창 6:9). 그리고 그의 의로움은 하나님에 대한 믿음이 진실하다는 것을 증명한다.

제임스 몽고메리 보이스는 《창세기》에서 노아의 삶의 영향력에 대해 적절히 요약해준다.

홍수 이전 세대의 유일하게 의로운 사람, 노아는 사실상 그의 동시대 사람들에게는 모두 잊혔지만 지금 전 세계적으로 기억된다. "지금은 개처럼 취급받지만, 이후에는 입증된다! 지금은 잊히지만, 이후에는 기억된다!" 이것이 바로 노아였다. 이것이 진실한 모든 그리스도인이 기꺼이 원하는 모습이어야 한다.

여기에는 이러한 면도 있다. 다른 사람들이 잊고 다시는 기억하지 못한다 하더라도, 하나님께서 기억하시고 여호와를 경외하는 자와 그분의 이름을 존귀히 생각하는 자를 위하여 여호와 앞에 있는 "기념책"에 기록하신다는 것을 알 수 있다(말 3:16). 노아가 하나님께 잊혔는가? 절대 그렇지 않다!

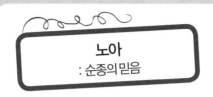

노아
: 순종의 믿음

요약하기

노아의 순종과 인내의 삶은 세상을 비난하고 하나님과의 진정한 관계가 어떤 것인지를 증명하는 믿음에 대한 좋은 예가 된다.

생각하기

1. 현시대의 사회악이나 문제들(거리의 불량배들, 법적으로 인정되는 낙태, 아동학대, 학교 폭력, 기타) 중 홍수 이전의 시대에 대해 가장 생각나게 하는 것은 무엇인가? 오늘날의 문제가 당시의 문제보다 더 심각한가? 왜 그러한가, 또는 왜 그렇지 않은가?
2. 당신이 그리스도인의 삶에서 순종의 믿음을 훈련하는 데 가장 도전이 되는 상황은 무엇인가? 그 경험은 당신이 하나님과 더 견고히 동행하도록 하는 데 어떤 도움을 주는가?

대답하기

1. 믿음과 행동 간의 관계에 대해 사단이 제시한 두 가지 양극단, 즉 반대되고 잘못된 관점은 무엇인가?
2. 창세기 5장 28~32절에서는 노아와 그의 선조들의 관계에 대해 무엇이라고 말하는가?
3. 노아는 어떻게 그리고 왜 하나님의 은총을 입었는가(제임스 몽고메리 보이스의 인용구 참조)?
4. 노아가 방주를 지으라는 명령에 즉시 순종하는 데 잠정적인 방해 요소들은 무엇이었는가?
5. 방주가 상징하는 것은 무엇인지 한 문장으로 답하라.

6. 하나님은 노아와 아브라함의 믿음에 대해 무엇을 하셨는가(창 15:6; 롬 4:3; 히 11:7)?

7. 노아 시대에 어떤 행위들이 하나님의 인내를 종결짓게 하였는가?

8. 노아의 말씀 선포에 대해 아무도 반응하지 않았다는 것이 왜 놀랄 만한 일인가?

9. 홍수 이전 시대와 오늘날을 비교해볼 때 어떤 결론을 내릴 수 있는가?

기도하기

노아가 방주를 만들고 주위 사람들에게 경고할 때 가져야 했던 경건한 인내를 매일 당신의 삶 가운데 주시도록 구하라. 당신의 공동체를 위해 기도할 시간을 떼어놓으라. 만연한 죄 가운데에 있는 몇 사람이 복음의 진리를 붙들도록 하나님께 구하라.

진리 적용하기

홍수 사건 전체를 읽으라(창 6:1~9:17). 노아가 믿음과 순종을 보인 여러 시간과 다양한 방법들을 기록하라. 당신이 깨달은 것 중 가장 의미 있는 것을 누군가와 나누되 그도 노아가 했던 것처럼 하나님을 신뢰하도록 격려하라.

ABRAHAM

: A Pattern of Faith

2장

아브라함: 믿음의 패턴

사람들은 두 가지 대조되는 삶을 살 수 있다. 그중 하나는 경험에 의해 사는 것이다. 이는 모든 사고와 행동을 사람들이 보고 경험할 수 있는 것에 기초를 두는 것이다. 다른 하나는 믿음에 의해 사는 것이다. 이는 궁극적으로 사람들이 보거나 느낄 수 없는 것에 기초를 두는 것이다. 물론 그리스도인은 믿음으로 살라는 부르심을 받았다. 그러나 그들은 하나님 아버지, 주 예수 그리스도나 성령을 본 적이 없다. 천국이나 지옥도 볼 수 없다. 성령의 영감을 받아 성경을 기록한 저자들 중 어떤 사람과도 이야기해본 적이 없고 그 원서를 읽어본 적도 없다. 그리스도인들은 하나님이 주시는 영적인 은혜나 덕목들을 볼 수가 없다. 물론 그들 자신과 다른 그리스도인들에게서 그 결과를 볼 수는 있지만 말이다.

우선시되는 중요한 원칙들과 기독교적인 면들이 아무것도 보이지 않더라도, 그리스도인인 우리 모두는 이것들의 진실성에 대해 믿음으로 확신을 갖고 그에 따라 살아간다. "우리가 믿음으로 행하고 보는 것으로 행하지 아니함이로라"(고후 5:7). 우리는 현재와 볼 수는 없지만 실재하는 미래에 기초를 둔다. 하나님을 진정으로 따르는 자들에게는 항상 이 방식이 적용되었다.

신약에서는 아브라함이 진정한 믿음의 첫 번째 사람이었다고 분명하게 밝힌다. 그는 모든 믿는 자의 영적인 아버지이다(갈 3:7, 29).

아벨, 에녹, 노아와 같은 홍수 이전 시대의 신자들도 믿음의 본이 된다. 그러나 아브라함은 독특한 패턴을 드러내어 모든 시대의 믿음의 사람들을 위한 원형(原型)이 되고 있다.

아브라함의 믿음의 순례

하나님께서 장차 유대인의 조상이 될 아브라함을 부르셨을 때 그는 갈대아 우르에 살고 있었다(창 11:31, 15:7). 이방 땅인, 그곳은 무지한 우상숭배의 도시로 약 3만 명이 살고 있었다. 우르는 페르시아 만의 서북쪽 메소포타미아 지역에 있는 유프라테스강 하류에 위치한 상업의 요지였다. 이 도시는 고대 문명과 학문의 중심지였기에 다양한 문학도들과 유능한 무역상들이 많은 것으로 유명했다. 그러나 종교적으로 그들은 다신론자들이었다. 그들은 많은 신을 섬겼다. 아브라함의 아버지 데라 역시 우상숭배자였기 때문에 이방 문화와 가정에서 자랐다(수 24:2).

우르를 떠나, 하란으로, 그리고 마지막에는 머나먼 가나안으로 가려는 것은 아브라함의 계획이 아니었다. 그러나 하나님께서 주권적으로 아브라함에게 뜻을 밝히시고 그를 우르에서부터 불러내셨다. 히브리서 11장 8절에 의하면 "믿음으로 아브라함은 부르심을 받았을 때에 순종하여 장래의 유업으로 받을 땅에 나아갈새 갈 바를 알지 못하고 나아갔으며"라고 하였다. 헬라어로 '부르심을 받았을 때에' 라는 말은 '부르심을 받고 있었을 때에'라는 말로도 번역할 수 있다. 이는 분명히 '하나님의 명령을 이해하자마자'라는 것을 가리킨다(창 12:1). 그렇게 아브라함은 순종하였고 그의 삶에서 기념비적인 변화가 시작되었다. 머나먼 여정을 위해서 마지막 준비 기간이 며칠, 몇 주 또는 몇 달이 걸릴 수 있지만, 아브라함은 이미 믿음으로 하나님께서 그를 이끄시는 곳은 어디든 갈 준비가 되어 있었다.

하나님께서 새로운 고국을 위해 우르를 떠나라고 하신 후, 그분은 아브라함을 축복하고, 그를 통해 큰 민족을 이루시고, 그를 통해 땅에 있는 다른 모든 족속을 축복하겠다고 약속하셨다. "내가 너로 큰 민족을 이루고 네게 복을 주어 네 이름을 창대하게 하리니 너는 복이 될지라 너를 축복하는 자에게는 내가 복을 내리고 너를 저주하는 자에게는 내가 저주하리니 땅의 모든 족속이 너로 말미암아 복을 얻을 것이라 하신지라"(창 12:2~3). 하나님의 말씀으로만 보장된 두 개의 실상(實相)을 품고, 아브라함은 일시적인 안정감을 주는 고국을 떠나 미래가 불확실한 새로운 땅을 향해 오랜 여정을 시작하였다. 그는 아마도 가나안이 어디에 있는지 막연히 알고 있거나, 아니면 전혀 들어보지 못했을 수도 있다. 그의 미래는 확실히 알 수 없는 미스터리였다. 그러나 그의 마음은 거룩하게 동하여 하나님께서 부르셨다는 것을 믿었다.

가나안의 세겜에 도착한 후, 아브라함은 하나님으로부터 또 하나의 무조건적인 약속을 받았다. "여호와께서 아브람에게 나타나 이르시되 내가 이 땅을 네 자손에게 주리라 하신지라 자기에게 나타나신 여호와께 그가 그곳에서 제단을 쌓고"(창 12:7). 그가 벧엘과 아이를 향하여 계속 갈 때, 아브라함은 또 다른 단을 쌓았다. "여호와의 이름을 부르더니"(창 12:8).

아브라함의 위대한 믿음의 행동에 비해 순례 초기에는 주님을 온전히 신뢰하지 못하고 실수를 저지르기도 했다. 예를 들면, 그는 기근

이 있었을 때에, 하나님을 신뢰하지 않아 가나안에 머물지 않았다. 대신 애굽의 도움을 구하여 자신과 아내 사라가 바로와, 궁극적으로는 하나님과 타협하는 위치에 처하게 되었다. 아브라함은 바로가 자신을 죽이고 사라를 데려갈까 봐 두려워서, 사라를 자신의 누이라 속였으며, 하나님을 경외하지 않음으로 바로의 가족에게 큰 재앙을 가져왔다(창 12:10~17 참고).

또한 아브라함은 그의 자손에 대해 믿음의 시험에서 실패하였다. 아이를 낳을 수 없는 사라의 어리석은 충고로 말미암아, 그는 사라의 여종 하갈과 간음을 범함으로 하나님께서 자손을 채워주신다는 약속이 실현되게 하려고 노력했다. 이러한 아브라함의 불순종은 엄청난 부정적 결과를 낳았다. 이는 하갈과 아브라함을 통해 낳은 아들인 이스마엘에게 큰 슬픔을 가져왔다(창 16장). 이는 후에 아브라함의 자손과 이스마엘의 아랍 자손 사이에 큰 반목과 불화를 가져왔다. 이 갈등은 지금 이 시간까지도 지속되고 있다.

아브라함의 치명적인 실수에도 불구하고, 그의 믿음은 항상 하나님에게 있었고, 하나님은 인내하며 새로운 약속과 축복들로 인정해주셨다. 사라는 기적적으로 약속의 아들 이삭을 낳았고, 그는 곧 아브라함의 가장 큰 시험의 대상이 되었다. "그 일 후에 하나님이 아브라함을 시험하시려고 그를 부르시되 아브라함아 하시니 그가 이르되 내가 여기 있나이다 여호와께서 이르시되 네 아들 네 사랑하는 독자 이삭을 데리고 모리아 땅으로 가서 내가 네게 일러준 한 산 거기서 그를 번제로 드리라"(창 22:1~2).

그때 그의 믿음은 동요치 않고, 이삭을 희생 제물로 바치라는 하나님의 명령에 즉시 순종했다. 하나님은 이삭을 살려두고 대체할 제물을 주심으로 아브라함의 신실함을 인정해주셨다(창 22:11~13). "아브라함은 시험을 받을 때에 믿음으로 이삭을 드렸으니 그는 약속들을 받은 자로되 그 외아들을 드렸느니라 그에게 이미 말씀하시기를 네 자손이라 칭할 자는 이삭으로 말미암으리라 하셨으니 그가 하나님이 능히 이삭을 죽은 자 가운데서 다시 살리실 줄로 생각한지라 비유컨대 그를 죽은 자 가운데서 도로 받은 것이니라"(히 11:17~19).

가나안에서 순례 또는 단기 체류하는 동안 아브라함은 인내해야 했다(그가 하란을 소유하려고 기다리고 있지 않았더라도, 하란에 머무는 동안 인내해야 했을 것이다). 따라서 아브라함은 하나님이 약속하신 땅으로 가는 동안 인내와 믿음을 훈련했다. 그중 아브라함에게 가장 큰 도전은, 가나안이 계속 눈에 보이는데도 결코 그 땅에 들어가지 못한 것이었다. 사실, 위대한 조상인 아브라함, 그의 아들 이삭, 그의 손자 야곱 중 어느 누구도 실제로 그 약속의 땅을 취하지는 못했다(그가 처음으로 약속을 받은 후 500년 이상 지나도록 그의 자손들도 가나안 땅을 취하지 못했다). 그러나 성령께서는 아브라함이 하나님께 믿음으로 순종하고 인내함으로 반응할 수 있게 하셨다. 아브라함은 약속의 아들을 위해 몇 년간이나 긴 시간을 기다려서 결국 아들을 얻었다. 그러나 약속의 땅은 그의 생애에서는 주어지지 않았다.

아브라함이 인내할 수 있었던 힘은 하나님의 신실하심에 대한 믿음과 그의 진정한 기업은 하늘에 있다는 궁극적인 소망이었다(히 11:10).

아브라함의 믿음에 의한 칭의

그의 죄성에도 불구하고 순례하는 동안 아브라함이 보인 인내와 믿음으로 말미암아 하나님은 그를 의로운 자라고 은혜롭게 선포해주셨고 그의 모든 죄를 용서해주셨다. 이러한 면에서 그는 "믿는 모든 자의 조상"이다(롬 4:11).

사도 바울은 창세기 15장 6절을 언급하면서 더 구체적으로 말한다. "성경이 무엇을 말하느냐 아브라함이 하나님을 믿으매 그것이 그에게 의로 여겨진 바 되었느니라 일하는 자에게는 그 삯이 은혜로 여겨지지 아니하고 보수로 여겨지거니와 일을 아니할지라도 경건하지 아니한 자를 의롭다 하시는 이를 믿는 자에게는 그의 믿음을 의로 여기시나니"(롬 4:3~5; 갈 3:6~7 참조).

'여기다(reckon)'는 말은 헬라어로 '로기조마이(logizomai)'로 경제적, 법적인 용어이다. 이는 어떤 것으로 다른 사람에게 신용을 보장한다는 의미이다. 하나님은 주권적인 은혜와 자비로 아브라함의 불완전한 믿음을 그분의 영적인 신용으로 의롭다고 여기셨다. 아브라함을 의롭다고 여기셨기 때문에 하나님은 그의 믿음을 용납하셨다.

하나님을 믿는 믿음이 사람들을 의롭게 여기시는 그분의 유일한 수단이다. 믿음 자체로는 결코 그 사람의 칭의의 기반이 될 수 없고 그리스도의 죽음이 그 기반이 된다. 믿음은 단지 하나님께서 구원의 은혜를 베푸시는 통로이다. 이는 아브라함에게뿐 아니라, 진정한 믿음을 갖고 있는 누구에게나 마찬가지이다. "일하는 자에게는 그 삯이 은혜로 여겨지지 아니하고 보수로 여겨지거니와 일을 아니할지라도 경건하지 아니한 자를 의롭다 하시는 이를 믿는 자에게는 그의 믿음을 의로 여기시나니"(롬 4 :4~5). 그리고 심지어 그 믿음도 하나님께로부터 오는 선물이다(엡 2:8~9).

할례에 의한 것이 아니다

로마서 4장 9~12절에서 사도 바울은 유대인들이 아브라함의 칭의에서 할례의 역할에 대해 물을 것을 예상했다.

그런즉 이 복이 할례자에게냐 혹은 무할례자에게도냐 무릇 우리가 말하기를 아브라함에게는 그 믿음이 의로 여겨졌다 하노라 그런즉 그것이 어떻게 여겨졌느냐 할례시냐 무할례시냐 할례시가 아니요 무할례시니라 그가 할례의 표를 받은 것은 무할례시에 믿음으로 된 의를 인친 것이니 이는 무할례자로서 믿는 모든 자의 조상이 되어 그들도 의로 여기심을 얻게 하려 하심이라 또한 할례자의 조상이 되었나니 곧 할례받을 자에게뿐 아니라 우리 조상 아브라함이 무할례시에 가졌던 믿음의 자취를 따르는 자들에게도 그러하니라.

창세기의 연대기는 아브라함이 할례의 행위로 의롭게 된 것이 아니라는 것을 증명한다. 아브라함이 할례를 받았을 때 아브라함은 99살이었고 이스마엘은 13살이었다(창 17:23~25). 그러나 하나님께서 아브라함을 의롭다고 하신 때는(창 15:6) 이스마엘이 아직 생기지도 않았을 때이다(창 16:2~4). 이스마엘은아 브라함이 86살이었을 때 태어났다(창 16:16).

이로 볼 때 아브라함은 그의 할례보다 최소한 14년 전에 의롭게 되었다. 아브라함은 처음 언약의 말씀을 받았을 때 75살이었다(창

12:1~4). 이는 아브라함이 주님과 믿음의 관계에 들어간 지 24년 후에 그가 할례를 받았다는 것을 의미한다.

할례는 하나님과 백성 간의 언약의 관계에 대한 표징과 봉인이다 (창 17:10~14). 그러나 이는 결코 언약의 기초가 되지 않는다. 이는 하나의 표징으로(남자의 양피를 제거하는 신체적인 수술로 남편에게서 아내에게로 질병이 옮겨가는 것을 예방하였다) 영적으로 정결해야 할 필요가 있음을 가리켰다. 하나님의 언약의 사람들인 유대인을 표시하는 것으로 고안된 것이었다. 이는 하나님께서 백성들에게 몸의 할례만이 아닌 죄악된 마음의 할례를 원하신다는 것을 알게 하려는 의미였다. 그들은 혼을 깨끗하게 해야 했다. 하나님께서는 그들의 믿음을 통해 깨끗하게 되도록 하셨다.

하나님께 인정받기 위해 육체의 할례나 그와 같은 다른 행위나 의식을 행해야 한다고 믿는 사람은, 지키기 불가능한 율법을 대신한 그리스도의 희생적인 죽음을 무효화하는 것이다. "그리스도 예수 안에서는 할례나 무할례나 효력이 없으되 사랑으로써 역사하는 믿음뿐이니라"(갈 5:6).

따라서 할례는 마음이 깨끗해져야 함을 나타내는 상징이었고 하나님과 그분의 말씀을 믿음으로 하나님께 의롭다 함을 인정받는 것이었다.

율법에 의한 것이 아니다

구약 연대기에서는 아브라함이 모세의 율법을 지켰기 때문에 의롭게 된 것이 아님을 보여준다. 율법은 아브라함 이후 500년이 지나서야 모세에게 주어진 것이었다(출 20장). 따라서 아브라함은 율법의 요구에 대해서 알지도 못했다.

바울은 아브라함이나 다른 어떤 사람도 율법으로 하나님 앞에서 의롭다 함을 얻을 수 있는 것이 아님을 신학적으로 설명하였다.

> 아브라함이나 그 후손에게 세상의 상속자가 되리라고 하신 언약은 율법으로 말미암은 것이 아니요 오직 믿음의 의로 말미암은 것이니라 만일 율법에 속한 자들이 상속자이면 믿음은 헛것이 되고 약속은 파기되었느니라 율법은 진노를 이루게 하나니 율법이 없는 곳에는 범법도 없느니라(롬 4:13~15).

그 후손이 세상의 후사가 될 것이라는 약속에서 다시 하나님께서는 아브라함과 맺으신 언약을 언급하신다(창 12:3, 15:5~6, 18:18, 22:18). 이 약속은 네 가지 중요한 요소를 포함한다.

첫째, 땅을 포함한다(창 15:18~21). 그곳은 아브라함이 거하게 될 곳이었지 소유하게 될 곳은 아니었다. 이 땅은 여호수아 밑에 있었던 이스라엘 백성에 의해 500년이 지난 후에야 처음으로 정복되었다.

둘째, 셀 수 없을 정도로 많은 사람을 포함한다. 이는 땅의 티끌 같이 하늘의 별과 같이 많아지게 되는 것이다(창 13:16, 15:5). 이는 아브라함이 "여러 민족의 아버지"가 되리라는 말씀을 이루게 하는 것이었다(창 17:5; 롬 4:17 참조).

셋째, 후손들을 통해 전 세계가 축복받는 것을 포함한다(창 12:3).

넷째, 구세주 안에서 성취하는 것이다. 아브라함의 후손들 중 한 명이 구원을 베풂으로 전 세계를 축복할 것이다. 바울이 〈갈라디아서〉에서 설명한 것처럼, 아브라함은 그 약속 안에서 복음을 기본적으로 들었다. "또 하나님이 이방을 믿음으로 말미암아 의로 정하실 것을 성경이 미리 알고 먼저 아브라함에게 복음을 전하되 모든 이방인이 너로 말미암아 복을 받으리라 하였느니라"(갈 3:8). 심지어 하나님께서 아브라함에게 그의 유일한 기업인 이삭을 바치라고 명령하셨을 때, 그는 복음을 믿었고 주께서 "번제할 어린 양은 하나님이 자기를 위하여 친히 준비하시리라"는 것을 믿었다(창 22:8; 히 11:17~19 참조).

이후에 갈라디아서 3장에서 바울은 어떻게 이 약속을 통해 아브라함이 이 땅의 모든 믿는 사람에게 축복을 줄 수 있는지에 관해서 더 상세히 설명한다.

이 약속들은 아브라함과 그 자손에게 말씀하신 것인데 여럿을 가리켜 그 자손들이라 하지 아니하시고 오직 한 사람을 가리켜 네 자손이라 하셨으니 곧 그리스도라 … 너희가 그리스도의 것이면 곧 아브라함의 자손이요 약속대로 유업을 이을 자니라(갈 3:16, 29).

따라서 아브라함의 믿음의 본을 따르는 사람은 믿음의 조상을 따라 주 예수 그리스도와 함께 상속자가 되는 영적인 후손이 된다. 예수께서 유대 지도자들에게 말씀하신 것처럼(요 8:33~47) 진정한 믿음과 회개 없이 단지 아브라함의 육적인 후손이기만 하는 것은 아무런 유익이 없다.

아브라함의 믿음에 대한 분석과 적용

로마서 4장 18~25절에서 사도 바울은 아브라함을 모든 진정한 그리스도인의 영적인 본으로, 구약에서 구원의 믿음에 대한 최고의 예로 묘사하고 있다.

아브라함이 바랄 수 없는 중에 바라고 믿었으니 이는 네 후손이 이같으리라 하신 말씀대로 많은 민족의 조상이 되게 하려 하심이라 그가 백 세나 되어 자기 몸이 죽은 것 같고 사라의 태가 죽은 것 같음을 알고도 믿음이 약하여지지 아니하고 믿음이 없어 하나님의 약속을 의심하지 않고 믿음으로 견고하여져서 하나님께 영광을 돌리며 약속하신 그것을 또한 능히 이루실 줄을 확신하였으니 그러므로 그것이 그에게 의로 여겨졌느니라 그에게 의로 여겨졌다 기록된 것은 아브라함만 위한 것이 아니요 의로 여기심을 받을 우리도 위함이니 곧 예수 우리 주를 죽은 자 가운데서 살리신 이를 믿는 자니라 예수는 우리가 범죄한 것 때문에 내줌이 되고 또한 우리를 의롭다 하시기 위하여 살아나셨느니라.

이 말씀은 아브라함의 믿음에 대해 여섯 가지 중요한 특징을 보여 주는데, 이 믿음은 모두 하나님께서 주신 것이고 이러한 종류의 믿음만이 구원을 이루는 믿음이다.

첫째, "아브라함이 바랄 수 없는 중에 바라고"라고 나와 있다(롬 4:18). 소망과 믿음은 구분될 수 있는데, 소망은 일반적으로 무언가 일어날 것이라는 일반적 확신인 반면, 믿음은 무언가 이미 이루어졌다는 확신이다. 인간적인 입장에서 볼 때, 아브라함이 소망을 품었을 때 거기에는 아무런 근거가 없었다. 극복해낼 수 없는 것처럼 보이는 장애들을 만났을 때도, 그는 하나님께서 그분의 말씀을 이루실 것을 믿었다. 그러므로 아브라함의 믿음의 대상은 하나님이었다. 창세기 15장 5~6절에서 이를 확언해준다. "그를 이끌고 밖으로 나가 이르시되 하늘을 우러러 뭇별을 셀 수 있나 보라 또 그에게 이르시되 네 자손이 이와 같으리라 아브람이 여호와를 믿으니 여호와께서 이를 그의 의로 여기시고."

둘째, 아브라함은 하나님에 대한 믿음이 약해지지 않았다. 믿음이 약해지는 이유는, 믿음을 희미하게 하거나 서서히 사라지게 하는 '의심' 때문이다. 그러나 그는 25년간 하나님께서 그에게 후손을 주실 것을 믿었고, 하나님께서 이삭과 관련된 시험을 하셨을 때에도 지속적으로 신뢰하였다(히 11:17~19 참고). 창세기에서 아브라함이 이삭을 낳기 전에 어떤 기적을 보았다고 말하지 않는다. 그러나 아브라함은 주께서 기적이 필요하다면 이삭을 죽음에서부터 쉽게 살려내실 수 있다는 것을 확신하였다. 따라서 그는 가장 어려운 상황에서도 하나님께 순종했다.

셋째, 강한 믿음으로 인해 아브라함은 자신의 육적 연약함에 대해 낙심하지 않았다. 100살이었을 때 아브라함은 자연적인 생식 능력이 없었다. 그러나 인간의 결점에도 불구하고 전능하신 하나님께서 역사하실 수 있다는 믿음을 가졌다. 또한 그의 아내 사라가 아기를 가질 수 있는 나이가 지났는데도 아브라함은 이삭에 대한 하나님의 약속을 놓치지 않았다.(창 17:16, 21, 21:1~7 참조).

넷째, 아브라함은 우리처럼 자주 믿음과 의심 사이를 왔다 갔다 하지 않았다. "약속하신 이를 미쁘신 줄" 알았던(히 11:11) 사라도, 처음에는 하나님께서 아브라함에게 약속하실 때 의심하였으나(창 18:12) 이후에는 흔들리지 않았다.

사실, 창세기의 어떤 이야기들은 로마서 4장 20절에서 바울이 아브라함의 흔들리지 않는 믿음에 대해 말하는 것이 거짓인 것처럼 보인다. 예를 들면, 이런 말씀이다.

이후에 여호와의 말씀이 환상 중에 아브람에게 임하여 이르시되 아브람아 두려워하지 말라 나는 네 방패요 너의 지극히 큰 상급이니라 아브람이 이르되 주 여호와여 무엇을 내게 주시려 하나이까 나는 자식이 없사오니 나의 상속자는 이 다메섹 사람 엘리에셀이니이다 아브람이 또 이르되 주께서 내게 씨를 주지 아니하셨으니 내 집에서 길린 자가 내 상속자가 될 것이니이다(창 15:1~3).

아브라함은 이러한 상황 속에서 하나님께서 어떻게 많은 민족을 이룰 아들에 대한 약속을 성취하실 것인지 이해하지 못했다(그의 수

종이었던 엘리에셀이 사라에게서 난 아들을 대신하여 아브라함의 상속자가 될 것이었다).

유혹이 죄가 아니고 죄의 결과를 낳을 필요도 없는 것처럼, 갈등하는 믿음은 의심이 아니고 피할 수 없도록 불신앙으로 이끄는 것도 아니다(딤 2:13 참조). 아브라함이 하나님의 계획을 가지고 씨름하고 있었다는 것은 그가 이것이 어떻게 되어질 것인지를 이해하려고 노력했다는 의미이다. 비록 잠시 동안 의아해했지만 말이다. 그러한 진지한 씨름은 '유약한 믿음'인 의심이나 회의에 빠지지 않으려는 '거룩한 믿음'에서 나온 것이다.

하나님께서 때로 아브라함의 믿음을 시험하신 것이(창 22장) 그의 믿음을 키우기 위함은 의심의 여지가 없다. 또한 하나님께서는 심지어 우리의 믿음을 위해서도 그렇게 하신다(약 1:2~4 참고). 하나님의 진리를 붙잡고 하나님께서 행하시려는 모든 것을 보려 할 때, 견고한 믿음이 교만한 의심을 물리친다. 아브라함은 하나님이 그를 시험하셨기에 "믿음이 강해졌다."

다섯째, 아브라함의 믿음은 하나님을 영화롭게 하였다. 그는 진정한 믿음을 주시는 단 한 분만을 신뢰하였다. 이는 아브라함의 믿음이 진실했다는 또 하나의 증거가 된다. 하나님의 신뢰할 만한 성품을 확신한 아브라함은 놀라운 믿음의 예가 되었다. 이것이 하나님을 영화롭게 하는 최고의 방법이다. 오히려 하나님을 예배하기 위한 다른 어떤 종류의 노력이 무가치하고 위선적인 것일 수 있다(요 5:10 참조).

여섯째, 로마서 4장 21절은 하나님이 안에서 아브라함의 믿음이 온전하고 제한이 없었음을 요약한다. "약속하신 그것을 또한 능히 이루실 줄을 확신하였으니."

아브라함과 그의 믿음의 사건은 요즘 사람들과도 연관이 있는데, 칭의의 진리는 구원을 위해 그리스도를 믿는 모든 사람에게 적용되기 때문이다. 성령께서는 이 진리가 우리를 위해 기록된 것임을 확실하게 하셨다. "그에게 의로 여겨졌다 기록된 것은 아브라함만 위한 것이 아니요 의로 여기심을 받을 우리도 위함이니 곧 예수 우리 주를 죽은 자 가운데서 살리신 이를 믿는 자니라"(롬 4:23~24, 15:4; 시 78:5~7 참조).

아브라함은 제한적인 계시를 받았지만(그가 살았던 때부터 몇 세기 동안은 기록된 말씀이 없었다), 예수님은 유대 지도자들에게 "너희 조상 아브라함은 나의 때 볼 것을 즐거워하다가 보고 기뻐하였느니라"고 말씀하셨다(요 8:56).

아브라함은 이방인으로, 우상숭배하는 죄인으로 삶을 시작했다. 그에게 제한적인 계시만이 주어졌을 뿐이지만 아브라함은 자신의 일을 내려놓고, 살아 계신 하나님과 자신에게 축복과 영생을 약속하신 은혜로운 약속을 믿었다. 이로 인해 아브라함은 의롭다고 칭함을 받았다. 오늘날 하나님의 온전한 계시를 받게 된 우리는 아브라함의 믿음의 패턴을 따르지 않으려는 어떠한 변명도 할 수 없다.

아브라함
: 믿음의 패턴

요약하기

아브라함의 삶은 믿음의 온전한 패턴을 따랐고 오늘날 구원의 믿음을 원하는 모든 사람에게 원형이 된다.

생각하기

1. 사람들이 자신의 영적인 상태(well-being)를 정당화하려는 소망에서 일반적으로 지키는 의식이나 율법은 무엇인가? 그들에게 그런 소망이 부적절하다는 것을 보여줄 수 있겠는가?
2. 대부분의 사람에게 고향을 떠나 새로운 지역으로 옮긴다는 것은 얼마나 어려운 일인가? 만일 당신에게 그러한 경험이 있다면, 적응하는 데 가장 도움이 되었던 것은 무엇이었는가?

대답하기

1. 아브라함은 원래 어디에 살았는가? 그 도시는 어떠한 곳이었는가?
2. 하나님께서 아브라함에게 고향을 떠나라고 하실 때 무엇을 약속하셨는가?
3. 아브라함이 고향을 떠난 후 믿음을 지키지 못했던 두 가지 중요한 사건은 무엇인가?
4. 아브라함이 통과한 믿음의 시험 중 가장 잘 알려진 것은 무엇인가?
5. 아브라함은 왜 여정 동안 인내해야 했으며, 무엇 때문에 성공했는가?
6. 헬라어로 '여기다(reckon)'는 말의 뜻은 무엇인가(롬 4:5)? 이 개념은 칭의의 교리와 어떤 연관성이 있는가?
7. 하나님과 유대인 간의 언약 관계에서 할례를 어떻게 이해해야 하는가?

8. 아브라함이 율법을 지킴으로 의롭게 된 것이 아님을 간단한 구약 연대기에서 어떻게 증명하는지를 설명하라.
9. 하나님이 아브라함에게 하신 언약의 약속에서 발견되는 네 가지 중요한 요소는 무엇인가?
10. 믿음과 소망은 어떤 차이가 있는가? 아브라함의 믿음의 대상은 무엇이었는가?
11. 아브라함의 믿음의 다른 면들을 최소 세 가지 거명하라. 이들을 지지해주는 참고 구절들은 무엇인가?

기도하기

주권적으로 이방의 환경에서 아브라함을 부르시고 우리 모두를 위해 믿음의 아버지로 만드신 주께 감사하라. 하나님께서 아브라함의 믿음에 주신 여섯 가지 면들을 가지고 기도하고, 그것들이 당신의 삶에도 진리가 되도록 하나님께 구하라.

진리 적용하기

로마서 4장 3~5절이나 히브리서 11장 8절을 암송하라.

MOSES
: A Life of Godly Choices

3장

모세 : 거룩한 선택의 삶

거룩한 삶은 날마다 옳고 필요한 것을 선택하는 것
이다. 그리스도인의 성숙도와 성화의 정도는 대개 그들이 내리는 선
택이 옳고 그른가에 의해 측정될 수 있다. 그리스도인들은 말씀을 연
구하고 기도하는 데 시간을 낼 수도 있고, 반대로 무시할 수도 있다.
그들은 일터에서 돈을 벌고 가족과 사역을 희생해가면서 더 큰 명성
을 얻을 수도 있고, 사역과 가정에 더 노력을 기울일 수도 있다.

성경의 다른 많은 인물보다 뛰어난 모세는 거룩한 선택과 올바른
결정을 내리는 법을 알고 있었다. 대부분의 삶을 하나님의 기록된 율
법을 받기 전에 살았지만, 모세는 참된 하나님을 믿고 그분을 따르는
삶이 어떤 것인지 알고 있었다.

시내산에서의 사건들(출 20~40장; 신 4~30장 참조)로 인해, 모세는

항상 하나님의 법과 연관되어 왔다. 따라서 하나님의 기록된 율법은 일반적으로 모세의 율법(Mosaic Law)이라고 불린다. 정통 유대주의 에서는 이 연관성을 최대한 확장시켜 모든 계명, 의식, 구약의 행사 를 모세와 연관짓는다. 그러나 모세는 〈히브리서〉에서 가장 존경받 는 인물들 중 하나로 율법주의자가 아니었다. 그는 믿음의 사람이었 다. 그리고 세상적인 방식이 아닌 하나님의 방식을 지속적으로 선택 함으로써 자신의 믿음을 훈련시킨 최고의 예 중의 하나이다.

하나님의 계획을 믿은 모세의 부모

애굽에 있는 이스라엘 노예 백성들이 폭발적으로 증가하자, 바로는 전체 히브리 가정을 조사하여 모든 유대 남자 아기들을 나일강에 던 지라는 명령을 내렸다(출 1:8~22). 그러나 모세의 부모인 아므람과 요 게벳은 바로의 명령은 하나님의 뜻을 어기는 것임을 알았기에 통치 자가 내린 조서를 무시하였다. 그리고 그들은 아기를 바구니에 넣어 나일강에 띄웠다. 바로의 딸은 그녀가 정기적으로 목욕하러 가는 시 간에 어린 모세를 발견하고 그를 아들로 삼았다.

하나님께서는 모세의 누이 미리암이 공주에게 가서 이스라엘 여인 중에서 그 아이에게 젖을 먹일 사람을 데려오겠다고 설득하는 모습을 보셨을 때 모세에게 더 큰 은총으로 공급해주셨다. 미리암은 그녀의 어머니를 데려와도 된다는 공주의 허락을 받고, 모세가 어머니의 품 안에서 돌볼 수 있도록 했다.

모세 부모의 관심은 모세가 "아름다운 아이"라는 사실 이상이었다(히 11:23). 사도행전 7장 20절에서 말씀하시길, 스데반은 산헤드린 공회에서 "모세가 났는데 하나님 보시기에 아름다운지라"라고 말했다. 모세의 부모는 아들이 하나님의 은총을 입고 있다는 것을 분명히 알고 있었다. 그래서 그들은 왕의 명령에 반대하고, 결과와 상관없이 모세를 보호할 수 있는 것은 무엇이든지 하였다. 우리는 그들이 모세를 향한 하나님의 계획을 얼마나 알고 있었는지 정확히 알 수 없지만, 그들이 주께서 모세를 특별하게 사용하기 원하신다는 것을 충분히 깨닫고 있었다는 것만은 분명하다.

모세의 모친 요게벳은 아들을 돌볼 뿐 아니라, 하나님이 이스라엘에게 하신 약속도 가르쳤다 — 하나님께서 택하신 백성들이 약속의 땅을 유업으로 받고 큰 민족을 이루며, 하나님께서 땅의 모든 족속을 축복하시겠다는 것이다(창 12:1~3). 그녀는 또한 모세에게 창세기 3장 15절에 근거한 메시아에 대한 소망을 갖도록 하였는데, 이 소망은 노아와 아브라함이 바라던 것이었다. 이러한 약속들과 하나님의 다른 위대한 진리들은 모세 안에 강한 믿음으로 자리 잡아 그의 전 생애를 결정짓게 되었다.

모세의 부모가 그를 위해 이렇게 하는 데 있어 하나님에 대한 더 큰 확신이 필요했다. 특히 그를 애굽 이방 종교의 가르침이 아닌 하나님의 뜻에 따라 양육하기 위해서는 더욱 그러했다. 그들은 왜 모세가 모든 이스라엘 남자 아기들을 다 죽이려 했던 바로 그 왕족에게 택함받게 되었는지 이해할 수는 없었지만, 하나님께서 삶의 모든 상황을 통치하신다는 확신을 가지고 있었기에 모든 결과에 대해 하나님을 신실하게 신뢰하였다.

아므람과 요게벳의 믿음은 나중에 어른이 된 모세가 애굽에서 결정을 내리는 데 영향을 주었다. 그는 세상의 영향력을 거부하고, 하나님께서 자신을 거룩한 지도자로 만들어 이스라엘 백성들을 애굽에서 가나안으로 인도하시도록 믿음으로 순종했다.

세상적인 명성을 거부한 모세

모세는 애굽에서 왕자로 40년간 살았다. 당시 애굽은 강성한 나라로, 경제력과 높은 문화 수준을 갖춘 사회였다. 이와 같은 환경에서 모세는 젊은이라면 누구라도 바랄 만한 모든 특권을 갖고 있었다. "모세가 애굽 사람의 모든 지혜를 배워 그의 말과 하는 일들이 능하더라"(행 7:22). 그는 상형문자와 성용문자(고대의 애굽 초서자[흘려쓰는 글]로 상형문자보다 더 단순화 된 문자 — 역주)를 읽고 쓰는 것을 배웠고 아마도 가나안 언어를 조금 배웠을 것이다(그의 어머니로부터 히브리어도 배웠을 것이다).

애굽에 있는 동안 이교 사상의 영향을 받았음에도 불구하고, 모세는 하나님에 대한 헌신이나 이스라엘을 위한 약속의 땅에 대한 소망이 흔들린 적이 없었다. 따라서 그가 40살이 되었을 때, 갈림길에 서게 되었다 — 애굽의 모든 특권을 누릴 것인지, 동족인 이스라엘 백성과 진정으로 동일시 할 것인지를 선택해야만 했다.

이스라엘의 하나님에 대한 모세의 믿음과 그가 내린 올바른 선택은 그가 어디로 가야 할지를 결정해주었다. "믿음으로 모세는 장성하여 바로의 공주의 아들이라 칭함받기를 거절하고"(히 11:24). 우리는 스데반이 산헤드린 공회에서 하나님께서 모세에게 이스라엘을 섬기고 사역하라는 특별한 역할을 주셨음을 설교한 것을 볼 수 있다. "그는 그의 형제들이 하나님께서 자기의 손을 통하여 구원해주시는 것을 깨달으리라고 생각하였으나 그들이 깨닫지 못하였더라"(행 7:25). 이스라엘 백성들은 모세의 사명을 이해하지 못했을지 모르나, 모세는 이해하였다. 그는 또한 자신의 동족인 유대인들을 위해 하나님께서 택하신 지도자로 여생을 살아야 함을 깨달았다.

모세가 애굽에서 지내는 동안 그와 그의 동족인 이스라엘 백성이 처했던 환경은 요셉과 이스라엘이 애굽에서 겪은 일들을 생각나게 한다. 하지만 여기는 몇 가지 중요한 차이가 있다. 애굽의 총리였던 요셉은 그의 백성들을 돕는 데 국력을 사용하였고, 백성들도 그 땅에서 목자나 농부로 바로에게 존중받았다. 반면, 모세는 노예였던 이스라엘 사람들을 구원하여 약속의 땅으로 인도하기 위해서 애굽인들과 적수가 되어야 했다.

세상은 모세가 아무것도 아닌 것을 위해 모든 것을 희생했다고 말한다. 그러나 그리스도인들은 그가 모든 것을 위해 아무것도 아닌 것을 희생했음을 안다. 모세는 하나님의 영원한 축복과 보상을 위해 세상의 덧없는 명성을 거절했다(히 11:26 참조).

하나님께서는 세상이 사용하는 것과 완전히 다른 기준을 갖고 있는 사람들을 높이신다. 모세는 엄청난 가족 유산, 대단한 부, 고등교육이나 사업의 성공과 같은 것 대신 온전히 하나님을 믿었음을 희생적인 섬김을 통해 증명하였다.

C. T. 스터드(Studd)는 19세기 유명한 영국 크리켓 선수였다가 선교사가 된 사람으로, 하나님 나라를 위해 부와 세상적인 칭송을 기꺼

이 거절한 사람의 좋은 예가 된다. '유명한 크리켓 선수들 중 가장 뛰어난 선수'였던 스터드가 명예와 호화로운 생활을 뒤로하고 중국에 선교사로 가겠다고 하였을 때, 1880년대에 살던 영국 사회의 상류층 크리켓 팬들은 모두 경악하였다. 존 폴락(John Pollock)은 스터드와 그에게 영향력을 준 형제들이 오래지 않아 모두 회심하게 된 것에 대해《크리켓 선교사: C.T. 스터드*Cricketing Missionary: C. T. Studd*》에서 다음과 같이 기록했다.

그 청년들은 캠브리지 대학교에 가서 차례로 캠브리지 대학교 크리켓 팀의 주장이 되었다. 그러나 조지(George)와 키내스턴(Kynaston)이 그리스도에 대한 사랑을 강하게 전하는 동안에 C. T.(스터드는 C. T.로 알려져 있었다)는 "이기적이고 나 자신만 아는 사람이었다. 이는 내 사랑이 식고 세상에 대한 사랑이 들어온 결과였다."

1882년 가을에 키내스턴 스터드가 캠브리지에서 D. L. 무디(Moody)의 위대한 사역을 하였지만, C. T.는 '애쉬스(The Ashes, 1882년부터 시작된 영국과 호주 간의 크리켓 경기 — 역주)' 때문에 영국 크리켓 팀과 함께 멀리 호주에 가 있었다. 그는 돌아와서도 크리켓에서 활약하였다. 그는 키가 크고, 잘생기고, 검은 곱슬머리를 가진 유쾌한 사나이였지만 그리스도의 증인으로서는 전혀 알려지지 않았다. 그러나 1883년

11월에 그의 형인 조지가 치명적인 병에 걸려 거의 죽게 되었다. 런던에 있는 집의 침상 곁에서 그를 지켜보며 C. T.는 세상의 명예, 부, 쾌락이 얼마나 허망한 것인지를 깨달았다. "이 모든 것이 나의 형에게는 무의미한 것이 되었다. 그는 단지 성경과 주 예수 그리스도에 관해서만 관심을 기울였다. 하나님은 나에게도 같은 가르침을 주셨다."

세상의 쾌락과 부를 거절한 모세

모세는 왕궁에 살면서 그가 원하는 모든 세상적 유익을 얻을 수 있었다. 좋은 음식, 좋은 잠자리, 오락시설, 학문적인 자원들, 당대에 얻을 수 있는 모든 것을 얻을 수 있었다. 20세기의 고고학자들은 투탕카멘(툿의 왕, 이집트 제18왕조 제12대왕 — 역주)의 무덤에서 발견된 보물들을 통해 애굽의 번성기에 그들이 얼마나 부유했는지를 증명하였다(투탕카멘은 모세가 살았던 그 세기나 그 이후에 살았다).

이러한 물질적인 안락함 자체는 죄가 아니다. 몇십 년 전에 요셉은 같은 장소에서 같은 것들을 가지고 즐기면서 바로를 섬기는 일을 담당하였지만 여전히 그는 하나님께 순종하였다. 그러나 모세에게는 이러한 방식대로 사는 것이 죄가 되었다. 왜냐하면 그는 하나님께서 왕궁을 떠나 이스라엘 백성을 섬기라고 부르고 계신 것을 알고 있었기 때문이다. 따라서 모세는 하나님의 부르심에 순종할 것인지, 불순종하여 왕궁의 안락함을 즐길 것인지 선택해야 했다. 그는 세상적인 쾌락이 일시적으로 얼마나 큰 만족감을 주는지와 상관없이 이것들은 속이는 것이고 무상한 것임을 알았다. 그리고 이것들은 때로 죄와 연관되어 우리나 다른 사람들에게 선하지 않고 하나님께도 영광이 되지 않았다. 모세는 하나님을 따르는 다른 사람들처럼 진리를 깨닫고 믿음으로 양심적인 선택을 하였다. "도리어 하나님의 백성과 함께 고난받기를 잠시 죄악의 낙을 누리는 것보다 더 좋아하고"(히 11:25).

모세는 때로 하나님의 뜻에 순종하는 것이 어렵더라도 그가 순종하기만 하면 궁극적으로 축복받게 될 것을 확신하였다. 이 믿음과 순종의 원칙은 모든 그리스도인에게도 진리이다. 하나님께서는 그의 자녀들이 죄에서 떠나 성화되어 가기를 원하신다. 이 과정이 항상 쉬운 것만은 아니지만, 이에 따른 긍정적인 결과들은 죄의 부정적인 결과들과는 비교가 되지 않는다.

히브리서 저자는 어떻게, 왜 모세가 세상의 유혹을 거절하였는지를 더 자세히 분석하였다. "그리스도를 위하여 받는 수모를 애굽의 모든 보화보다 더 큰 재물로 여겼으니 이는 상 주심을 바라봄이라"(히 11:26). 모세는 주의 깊게 자신의 결정에 대한 장단점을 따져보았다. 여기서 헬라어로 '여긴다(considering)'는 말은 충동적이기보다는 세심하고 신중한 사고 과정을 통해 결정을 내림을 뜻한다. 그의 최후의 선택은 애굽이 제공할 수 있는 어떤 것보다도 하나님의 방법이 훨씬 우월하다는 것을 알고 내린 선택이기에 아주 견고하고 확실한 것이었다.

모세는 그리스도가 오시기 1,500년 전에 살았음에도 불구하고 그와 그리스도의 관계적인 면에 대해 언급한 히브리서 11장 26절은 주목할 만하다. 그리스도라는 말은 '메시아' 또는 '기름부음받은 자'라는 뜻이고 구약에서는 '하나님의 특별한 일을 위해 구별된 사람'으로도 사용되었다. 따라서 모세가 자신을 메시아나 구원자 또는 더 신학적으로는 그리스도의 전형(前型)으로 보았을 가능성이 있다(요셉과 여호수아가 그리스도의 모형인 것과 같다).

그러나 나는 히브리서 저자가 예수 그리스도를 언급하고 있다고 믿는다. 따라서 모세는 그리스도를 위하여 비난을 받았다. 왜냐하면 그리스도가 오시기 훨씬 전에 자신을 진정한 메시아의 사람으로 여겼기 때문이다. 구원은 항상 믿음을 통해 은혜로만 되어져 왔다는 말은 모세처럼 하나님을 위하여 고난받은 그리스도인은 누구라도 예수 그리스도를 위하여 고난을 받는다는 뜻이다(시 69:9; 갈 6:17 참고). 말씀에서 보면 메시아는 항상 그분의 백성들과 자신을 동일하게 여기셨다(호 11:1; 마 2:15 참조). 따라서, 이스라엘 백성이 애굽에서 노예로 고통받을 때, 메시아도 고통당하셨다. 모세도 고통당했으며, 그리스도도 고통당하셨다.

말씀에서는 모세가 하나님의 아들, 미래의 구원자에 대해서 얼마나 알고 있었는지 정확하게 밝히고 있지는 않다. 그러나 모세가 아브라함보다는 더 신성한 계시를 받았기 때문에, 모세가 믿음의 조상만큼 구원자를 고대했다고 주장할 수 있다(요 8:56 참조).

세상의 위협을 거절한 모세

성경말씀에서는 그렇게 말하고 있지 않지만 모세는 아마도 처음에 애굽에서 도망갔을 때 광야에서의 생존에 대해서 위협을 느꼈을 것이다(출 2:15). 한 가지는 확실하다 — 광야 생활은 왕궁의 사치스러움에서 심히 격하된 삶이었다. 모세는 여자 목자였던 십보라와 곧 결혼하게 될 것과 그 후에 40년간이나 장인인 르우엘의 양 떼를 돌보게 될 것을 상상할 수 없었을 것이다.

모세가 겪어야 했던 가장 큰 위협은 두려움이었다. 그러나 하나님께서 그를 애굽에서 나오라고 부르셨을 때 모세는 두려움에 굴복하지 않았다. 모세는 하나님의 인도하심에 강하고 지속적인 믿음을 가졌다(히 11:27). 두려움을 극복했다는 점에서 모세는 시편 27편 1절의 다윗의 말에 동의할 수 있었다. "여호와는 나의 빛이요 나의 구원이시니 내가 누구를 두려워하리요 여호와는 내 생명의 능력이시니 내가 누구를 무서워하리요."

모세가 애굽을 두 번째로 떠나(40년 후) 약속의 땅으로 모든 이스라엘 백성을 이끌고 갈 때, 그는 바로뿐 아니라 이스라엘 백성의 반대를 무릅써야 했다(출 6:9, 14:11~12 참조). 그러나 모세는 어느 누구에게서도 위협을 느끼지 않았다. 오히려 그는 하나님의 대변자가 되어 하나님의 뜻을 두려움 없이 지속적으로 행하였다.

하나님의 공급하심과 약속을 받아들인 모세

그의 삶을 향한 주님의 계획과 부르심을 받아들이고 세상에서 오는 유혹과 반대를 거절한 후, 모세는 하나님께서 베풀어주신 구원과 승리의 약속을 받아들여야 했다. 〈히브리서〉에서 이를 다시 요약한 것처럼 모세는 두 가지 면에서 다 신실하고 순종적이었다. "믿음으로 유월절과 피 뿌리는 예식을 정하였으니 이는 장자를 멸하는 자로 그들을 건드리지 않게 하려 한 것이며 믿음으로 그들은 홍해를 육지같이 건넜으나 애굽 사람들은 이것을 시험하다가 빠져 죽었으며"(히 11:28~29).

하나님께서 애굽 땅에 내리신 열 가지 재앙의 마지막 것은 사람과 육축의 처음 난 것은 다 죽게 되는 것이었다(출 11:5). 주님은 이 재앙의 치명적인 결과로부터 유대인들을 살려두기 위해 유월절을 지시하셨다. 그리고 양의 피를 그들의 집 문설주와 인방에 바르라고 하셨다(출 12:7). 그리하여 천사가 재앙을 내릴 때 모든 이스라엘 가정에게는 그것이 지나가게 하셨다.

모세와 그의 백성들은 첫 유월절의 모든 파생 결과를 알지 못했지만 그들은 이것이 하나님의 계획의 일부라는 것을 알았기에 순종하였다. 양의 피를 바르는 것은 갈보리에서 그리스도께서 장차 하시게 될 일, 곧 죽음을 다스리시고 그분을 믿는 모든 사람을 구속하려는 것에 대한 상징과 예언이었다. 모세는 믿음으로 하나님께서 구원을 베푸실 것을 받아들였다. 그의 행동은 모든 사람이 하나님의 은혜에 어떻게 반응해야 하는가 — 심지어 사람으로는 온전히 이해되지 않더라도 — 를 보여주고 있다.

이후에 모세와 이스라엘 백성이 홍해에 다다랐을 때, 사람들은 애굽 군대가 추격해와서 오도 가도 못한 채 죽게 될 것을 알게 되었다.

이스라엘 백성들은 어디로도 피할 곳이 없게 되자 불안해져서 모세에게 심히 빈정거렸다. "애굽에 매장지가 없어서 당신이 우리를 이끌어내어 이 광야에서 죽게 하느냐"(출 14:11). 그러나 모세는 이렇게 선포함으로 그들을 정신 차리게 하고 그들의 마음과 눈을 하나님께로 향하도록 했다. "모세가 백성에게 이르되 너희는 두려워하지 말고 가만히 서서 여호와께서 오늘 너희를 위하여 행하시는 구원을 보라 너희가 오늘 본 애굽 사람을 영원히 다시 보지 아니하리라 여호와께서 너희를 위하여 싸우시리니 너희는 가만히 있을지니라"(출 14:13~14).

그러자 백성들은 모세를 통해 주어진 하나님의 구원에 대한 약속을 믿고 바다가 갈라져 드러난 길을 따라 걸어갈 수 있었다(출 14:15~22). 이스라엘 백성들에게는 갈라진 물이 곧 다시 합쳐져 그들을 다 가라앉게 만들지 않을 것이라는 하나님의 약속 외에는 보장된 것이 없었다(그 후에 이 일은 주제넘은 애굽 군대에게 일어나게 되었다, 출 14:23~28). 그러나 백성들과 모세는 믿음을 훈련하였고, 하나님께서는 그들을 보호하셨다(출 14:29~31 참조). 신실하게 순종하는 모든 사람에게 하나님의 말씀은 항상 족하다.

애굽에서 40년간 모세는 부와 높은 계급의 특권들을 누렸다. 그러나 그가 이것들을 거절한 결정적인 이유는 — "믿음으로 애굽을 떠나"(히 11:27, KJV) — 그것들은 하나님께 순종하여 영원한 보상을 받는 데 걸림돌이 되기 때문이었다. 이와 같이 모든 그리스도인은 일시적인 쾌락과 이기적인 충족감을 기꺼이 포기하고 하나님 나라를 위해 모든 것을 희생할 때, "우리의 잠시 받는 환난의 경한 것이 지극히 크고 영원한 영광의 중한 것을 우리에게 이루게 함이니"라는 말에 확신을 갖게 된다(고후 4:17; 롬 8:18 참조).

모세
: 거룩한 선택의 삶

요약하기

모세는 지속적으로 세상적인 방법이 아닌 하나님의 방법을 선택하는 데 어떻게 믿음을 적용하는지를 보여주는 훌륭한 예가 된다.

생각하기

1. 우리는 때로 특정한 사람이나 성격들을 어떤 생각이나 사건과 연관짓 곤 한다. 당신은 삶에서 어떤 사람들을 이런 식으로 연관짓는가?
2. 세상적인 방식 중에서 당신을 가장 유혹하고 혼란스럽게 하는 것은 무 엇인가? 그 특정한 유혹을 떨쳐버리고 극복할 수 있는 방법에는 어떤 것이 있는가?

대답하기

1. 모세를 율법주의자라고 부르는 것이 정확한 것인가? 왜 그러한가 또는 왜 그렇지 않은가?
2. 애굽에서 일어난 일로 아기 모세의 생명이 위험에 처하게 된 것은 무엇 때문인가?
3. 모세의 믿음이 강해지도록 그의 어머니는 어떤 진리를 가르쳤는가?
4. 모세가 애굽에서 자라는 동안 어떤 지위를 갖고 있었는가?
5. 애굽에서 모세의 경험과 요셉의 경험을 비교하고 대조해보라.
6. 현대 고고학자들이 모세 시대의 애굽에 대해 입증한 것은 무엇인가?
7. 모세가 그리스도를 위해 어떻게, 왜 고통받았는지를 간략히 설명하라 (히 11:25~26).
8. 모세가 다루어야 했던 가장 큰 위협은 무엇이었는가?

9. 첫 유월절의 목적은 무엇인가. 모세와 백성들은 그 의미를 온전히 이해하고 있었는가?
10. 홍해에서 이스라엘 백성의 구원을 보장해준 것은 무엇이었는가?

기도하기

날마다 영적인 선택을 할 때 신실하게 되도록 도와주시기를 기도하라. 당신의 자녀들을 하나님의 계획대로 기르도록 지혜와 신실함을 달라고 구하라.

진리 적용하기

주님을 따르는 데 방해가 되는 당신의 개인 소유나 태도가 무엇인지를 인식하라. 모세처럼 기도하는 마음으로 당신의 삶에 있는 방해물들을 버리고 하나님의 선택으로 바꾸라. 당신의 목표를 성취하는 데 도움을 주는 구체적인 단계들을 기록하라. 또한 로마서 8장 18절이나 고린도후서 4장 17절을 암송하고 묵상을 위해 기록하라.

RAHAB
: Distinctive Faith

라합:특별한 믿음

라합은 이 책에서 거록한 위대한 성경인물들과는 좀 다르다. 그녀는 이방 창녀였고, 하나님께서 심판을 언급하셨던 부도덕한 아모리 족속의 사람이었다(출 15:16 참고). 그녀는 여리고의 평범한 시민이었고, 사회 경제적으로 하층민이었다. 그러나 라합은 노아, 아브라함, 모세와 구약의 다른 뛰어난 인물들과 함께 믿음의 사람들의 명예의 전당에 거명된다(히 11:31). 다윗의 증조모였던 그녀는 (마 1:5 참조) 또한 예수님의 선조가 되었다. 이러한 두 가지 사실로 그녀는 우리의 관심을 끌기에 충분하다.

두 명의 정탐꾼을 만난 라합

라합은 여호수아 2장 1~5절에 처음으로 등장한다.

> 눈의 아들 여호수아가 싯딤에서 두 사람을 정탐꾼으로 보내며 이르되 가서 그 땅과 여리고를 엿보라 하매 그들이 가서 라합이라 하는 기생의 집에 들어가 거기서 유숙하더니 어떤 사람이 여리고 왕에게 말하여 이르되 보소서 이 밤에 이스라엘 자손 중의 몇 사람이 이 땅을 정탐하러 이리로 들어왔나이다 여리고 왕이 라합에게 사람을 보내어 이르되 네게로 와서 네 집에 들어간 그 사람들을 끌어내라 그들은 이 온 땅을 정탐하러 왔느니라 그 여인이 그 두 사람을 이미 숨긴지라 이르되 과연 그 사람들이 내게 왔었으나 그들이 어디에서 왔는지 나는 알지 못하였고 그 사람들이 어두워 성문을 닫을 때쯤 되어 나갔으니 어디로 갔는지 내가 알지 못하나 급히 따라가라 그리하면 그들을 따라잡으리라 하였으나.

출애굽 이후 모세의 죽음과 40년간의 광야 생활을 경험한 백성들에게 이번이 약속의 땅으로 들어갈 수 있는 마지막 기회였다. 모세의 수종으로서 모세를 뒤이은 여호수아는, 능력 있는 군대 장관으로서

새 영토로 움직일 때 누구라도 사용할 모든 예방책을 취하였다. 이에 따라, 그는 가나안의 동쪽 경계선, 특히 요단강의 오른 편에 있는 여리고 국경 도시를 정탐하라고 두 명의 정탐꾼을 보냈다.

여호수아는 가나안은 더 말할 것도 없이 이스라엘의 아이들조차 알지 못하게 두 명의 정탐꾼을 몰래 보냈다. 그는 두 명의 정탐꾼을 보내는 의견에 대해 사람들이 논쟁을 벌이는 소동이 일어나는 것을 피하고자 했다. 따라서 두 명의 정탐꾼은 밤에 그들의 기밀작전을 시작했던 것 같다. 그들은 먼저 어둠 가운데 요단강을 헤엄쳐야만 했고, 그 후 굳게 요새화 되어 있는 여리고로 접근하여, 시문(市門)으로 들어가, 도시의 방어 시설에 대해 파악할 수 있는 곳을 찾아야 했다.

그래서 정탐꾼들이 묵기로 결정한 곳은 창녀의 집이었다. 그들이 부도덕한 이유로 그 장소를 택한 것이 아니었다(그들은 그곳이 창녀의 집인지도 몰랐다고 가정하는 것이 맞을 것이다). 그들은 여리고 국경 도시에 대해 조사하는 동안 눈에 띄지 않는 창녀의 집으로 정했다. 그리고 그 집은 도시 성벽을 따라 위치해 있었기 때문에 필요하다면 빨리 빠져나올 수 있는 곳이었다.

또한 주권적으로 공급하시는 하나님께서 보시기에 라합은 하나님의 구원의 진리를 받아들일 마음의 준비가 되어 있었기 때문에 하나님께서는 정탐꾼들이 거기에 머물기를 원하셨다.

그러나 이 정탐꾼들은 신참들이어서 그들의 존재가 곧 발각되었다(수 2:2~3). 군대 통솔권을 가진 시장 격이었던 여리고 도시의 왕은 이스라엘 백성들이 요단강 너머에 대거 주둔하고 있었기 때문에 침략의 가능성에 대한 위협을 분명히 느끼고 있었다. 이스라엘의 기적적인 출애굽의 역사와 광야에서 유리한 사실은 그 지역 사람들에게는 어느 정도 일반상식이 되었기 때문에, 왕은 이스라엘의 다음번 이동 가능성에 대해 두려움을 느꼈고 여리고에서 자신의 권력을 유지하는 것이 절실했다.

두 명의 정탐꾼을 도운 라합

정탐꾼들의 기밀작전은 위태롭게 되었지만, 믿음이 충만했던 라합은 그들을 구해주었다. 왕의 사자들이 도착하기 전에 그녀는 중동의 환대법을 충실히 지켜 자신의 손님들을 보호하느라 자신의 목숨은 위태롭게 되었다. "그 여인이 그 두 사람을 이미 숨겼다"(수 2:4). 그리고 사자들이 그녀의 집에 도착했을 때, 라합은 정탐꾼들의 위치에 대해서 거짓말함으로 그들을 보호하려 하였다(수 2:5).

　라합이 이스라엘 정탐꾼들이 어디에 있는지에 대해 거짓말한 것은 옳지 않았다. 그녀의 마음이 하나님의 구원의 진리에 대해 열려있었음에도 불구하고, 그분에 대한 그녀의 지식은 극히 제한적인 것이었다. 그녀는 자신의 타락한 본성의 희생자였고, 그녀의 윤리관은 부패한 가나안 문화와 같았다. 그녀는 하나님께서 진리에 부여하신 가치를 이해하지 못했다. 하나님께서는 그녀의 믿음을 높이 사셨지만, 그녀의 거짓말은 불필요한 것이었다. 어떤 거짓말도 하나님을 돕지 못한다. 그분은 도움이 필요 없으시고, 특히 죄악된 노력은 필요 없으시다.

라합이 거짓말의 죄성에 대해 인식하지 못한 또 다른 이유는 정직의 법보다는 중동의 환대법이 더 우세했기 때문이다. 자신의 손님을 존중하고 보호하는 것은 가장 중요한 도덕적 규범이었다. 누군가가 당신의 집에 머무를 때 그가 당신의 원수였다 하더라도, 당신은 가능한 한 그의 생명을 구해주어야 한다.

따라서 라합이 정탐꾼을 구하기 위해 거짓말한 것은 하나님의 뜻이 아니었다 ─ 그분은 어떻게 해서라도 그들을 구하실 수 있었고 구하셨을 것이다. 그러나 그녀가 그렇게 했기 때문에, 아무도 하나님이 그 두 명의 정탐꾼을 위해 사용하셨을 다른 수단이나 기적적인 방법을 알 수는 없었다. 여호수아 2장 6절에서 실제로 무슨 일이 일어났는지에 대한 앞부분을 밝힌다. "그가 이미 그들을 이끌고 지붕에 올라가서 그 지붕에 벌여 놓은 삼대에 숨겼더라."

이때는 수확기였기 때문에 정탐꾼들은 라합의 지붕에 놓은 1미터 가량 되는 삼대 뒤에 쉽게 숨을 수 있었다. 이로 인해 사자들은 도시 밖으로 나가 요단강 나루터까지 가게 되었다. "그 사람들이 어두워 성문을 닫을 때쯤 되어 나갔으니 어디로 갔는지 내가 알지 못하나 급히 따라가라 그리하면 그들을 따라 잡으리라 ⋯ 그 사람들은 요단 나루터까지 그들을 쫓아갔고 그 뒤쫓는 자들이 나가자 곧 성문을 닫았더라"(수 2:5, 7).

라합의 믿음의 서약

그러고 나서 라합은 두 명의 이스라엘 정탐꾼에게 왜 그녀가 그들을 위해 개입하고 있었는지를 분명히 밝혔다.

또 그들이 눕기 전에 라합이 지붕에 올라가서 그들에게 이르러 말하되 여호와께서 이 땅을 너희에게 주신 줄을 내가 아노라 우리가 너희를 심히 두려워하고 이 땅 주민들이 다 너희 앞에서 간담이 녹나니 이는 너희가 애굽에서 나올 때에 여호와께서 너희 앞에서 홍해 물을 마르게 하신 일과 너희가 요단 저쪽에 있는 아모리 사람의 두 왕 시혼과 옥에게 행한 일 곧 그들을 전멸시킨 일을 우리가 들었음이니라 우리가 듣자 곧 마음이 녹았고 너희로 말미암아 사람이 정신을 잃었나니 너희의 하나님 여호와는 위로는 하늘에서도 아래로는 땅에서도 하나님이시니라 그러므로 이제 청하노니 내가 너희를 선대하였은즉 너희도 내 아버지의 집을 선대하도록 여호와로 내게 맹세하고 내게 증표를 내라 그리고 나의 부모와 나의 남녀 형제와 그들에게 속한 모든 사람을 살려 주어 우리 목숨을 죽음에서 건져내라 그 사람들이 그에게 이르되 네가 우리의 이 일을 누설하지 아니하면 우리의 목숨으로 너희를 대신할 것이요 여호와께서 우리에게 이 땅을 주실 때에는 인자하고 진실하게 너를 대우하리라(수 2:8~14).

놀랍게도 이스라엘에게 하신 하나님의 약속이 어떻게든 라합에게도 알려져 있었다. 이는 이스라엘의 위업이 이미 널리 퍼져 그 지역에서 두려워하고 있었기 때문일 수도 있다. 그러나 라합은 두려움과 함께 믿음을 보였는데, 이는 놀랍게도 참 하나님에 대한 강한 믿음이었다. 그녀가 주님의 우월성과 능력에 대해 확신하고 있어서 정탐꾼들과 엄숙한 서약을 맺었고, 그들은 동의하였다(수 2:15~16). 그러나 그들은 그 서약에 한 가지 중요한 조건을 붙이고 떠났다. "그 사람들이 그에게 이르되 네가 우리에게 서약하게 한 이 맹세에 대하여 우리가 허물이 없게 하리니 우리가 이 땅에 들어올 때에 우리를 달아 내린 창문에 이 붉은 줄을 매고 네 부모와 형제와 네 아버지의 가족을 다 네 집에 모으라"(수 2:17~18).

거의 모든 신실한 구약 주석가들은 붉은 줄이 그리스도의 피를 상징하는 것으로 그분이 장차 십자가에서 죽으실 것과 연관이 있다고 해석한다. 그러나 우리는 또한 이 붉은 줄을 앞에서 보았던 유월절과 관련지어 보아야 한다. 그때 하나님께서는 죽음의 천사들을 보내어 모든 처음 난 것들을 죽이라고 하셨고, 문설주에 양의 피를 바른 이스라엘 백성들만 살려주셨다(출 11:1~12:28). 그 피는 오실 구주가 그분을 믿는 모든 죄인을 구하려고 피를 흘릴 것을 상징했다. 라합이 믿음의 표시로 순종적으로 창문에 맨 붉은 줄(수 2:21)은 예수 그리스도가 피를 흘릴 것에 대한 또 다른 상징이다.

입증된 라합의 믿음

라합 이야기의 놀라운 결론은 여리고성의 함락(수 6:15~21) 이후에 바로 여호수아 6장 22~25절에 나온다.

여호수아가 그 땅을 정탐한 두 사람에게 이르되 그 기생의 집에 들어가서 너희가 그 여인에게 맹세한 대로 그와 그에게 속한 모든 것을 이끌어 내라 하매 정탐한 젊은이들이 들어가서 라합과 그의 부모와 그의 형제와 그에게 속한 모든 것을 이끌어 내고 또 그의 친족도 다 이끌어 내어 그들을 이스라엘의 진영 밖에 두고 무리가 그 성과 그 가운데에 있는 모든 것을 불로 사르고 은금과 동철 기구는 여호와의 집 곳간에 두었더라 여호수아가 기생 라합과 그의 아버지의 가족과 그에게 속한 모든 것을 살렸으므로 그가 오늘까지 이스라엘 중에 거주하였으니 이는 여호수아가 여리고를 정탐하려고 보낸 사자들을 숨겼음이었더라.

라합은 사랑스럽지 못한 여인이었음에도 불구하고 구원의 믿음에 대한 사랑스러운 예가 된다. 그녀는 이방 도시에서 창녀로, 이스라엘 백성들이 가졌던 영적인 유익이 하나도 없었고, 우리가 당연히 여기는 것들(성경, 좋은 설교와 가르침, 예배, 기독교 방송과 서적)은 확실히 하나도 없었다. 그러나 그녀의 모든 불이익에도 불구하고, 그녀는 바다 속 저변의 바위와 수초에 놓인 거칠고 칙칙한 굴 껍데기 속에 숨어 있는 아름다운 진주와 같았다. 하나님은 죄의 조각들을 통해서 그녀의 진실하고, 마음에서 우러난 믿음을 볼 수 있으셨고, 그러한 그녀를 주님에게로 이끌었다. 이로 인해 그녀는 하나님의 경고를 받아들이고, 그분의 심판을 두려워하고, 그의 자비로 살아남게 되기를 갈망하여, 기꺼이 단순한 순종을 행하게 되었다(그녀의 집임을 알리기 위해 창문에 붉은 줄을 매는 행위). 라합의 믿음의 모델은 여호수아 2장 9, 11절에서 그녀가 단언한 것으로 가장 잘 요약된다. "여호와께서 이 땅을 너희에게 주신 줄을 내가 아노라 … 너희의 하나님 여호와는 위로는 하늘에서도 아래로는 땅에서도 하나님이시니라."

라합의 이야기에서 발견되는 두드러진 격려의 메시지는 하나님께서는 회개하지 않는 죄인은 심판하시지만 그분을 믿는 자들은 보호하신다는 것이다. 그녀의 생활방식(창녀)과 함께 여리고의 이방 도시에서의 모든 악행은 하나님의 심판을 받아야 했다. 그러나 라합은 진정한 하나님을 믿는 죄인이었기 때문에 거룩한 진노를 피했다. 여리고에서 그녀와 다른 사람들을 구분지어 주는 것은 그녀의 우월한 도덕성이나 더 많은 선행의 횟수가 아니었다. 또는 더 높은 학식이나 더 나은 기질도 아니었다. 단지 그녀의 믿음이었다.

라합의 믿음은 이스라엘에서 온 두 명의 정탐꾼을 돕느라 모든 위험을 감수할 때 드러났다(말할 것도 없이 그녀가 원수의 정탐꾼을 머무르게 했다는 것이 왕의 사자들에게 발각되면 반역자로 죽임을 당했을 것이다) 그녀는 모든 것을 하나님에게 맡겼고 어떤 대가를 치루더라도 그분에게 온전히 헌신하였음을 증명하였다. 라합은 제자도에 관한 예수님의 가르침을 알지 못했지만(막 8:34 참조), 상황이 얼마나 어려운지와 상관없이 기꺼이 하나님께 순종하였다. 그리고 이것은 오늘날 우리가 어떻게 그리스도를 따를 것인가를 말해준다. 우리 믿음의 내면 생활은 신실함과 선행과 같은 외형적인 생활에 반영되어야만 한다.

라함
: 특별한 믿음

요약하기

하나님은 여리고 백성들처럼 모든 죄인을 심판하셔야만 하더라도, 라합 처럼 진정으로 믿는 사람들은 구원하신다.

생각하기

1. 한 사람이 구원의 믿음에 이르도록 좋은 교회와 가정환경이 얼마나 중 요한가?
2. 온전한 정직함이 항상 최선인가? 왜 그러한가 또는 왜 그렇지 않은가? 어떤 상황에서 어떤 정보는 알리지 않고 보류해두는 것이 옳은가? 당 신도 그러한 어려운 결정을 내려야 했던 적이 있는가?

대답하기

1. 왜 라합은 이 책에 포함된 다른 인물들과 달라 보이는가? 그녀의 삶을 연구해볼 만한 가치가 있는 두 가지 사실은 무엇인가?
2. 여호수아가 여리고에 두 명의 정탐꾼을 보낸 주된 목적은 무엇인가? 왜 그는 그들을 비밀리에 보냈는가?
3. 왜 여리고 왕은 정탐꾼들을 발견하고 그토록 화를 내고 두려워했는가?
4. 라합이 정탐꾼들을 보호하기 위해 거짓말을 한 것에 대해 가책을 느끼 지 않은 두 가지 이유는 무엇인가?
5. 여리고의 멸망으로부터 구원하는 데 더하여, 라합의 창문에 걸린 붉은 줄이 상징하는 것은 무엇인가?
6. 라합은 믿음의 진실성을 어떻게 증명하였는가?

기도하기

당신은 아마도 누군가의 구원을 위해 기도하다가 그가 복음에 반응할 것처럼 보이지 않아 기도를 멈춘 적이 있을 것이다. 라합의 구원은 우리가 그러한 사람들을 위해 계속 기도해야만 한다고 말한다. 만일 당신이 이와 같은 사람을 알고 있다면, 그를 위해 중보하기를 멈추지 마라.

진리 적용하기

당신이 아는 누군가를 더 접대하고 섬기라. 이것이 필요한 사람이나 가족에게 한다면 더 이상적일 것이다. 또한 다른 사람과 식사를 함께하던지 호의를 베푸는 것을 한 번 이상 할 수 있는 기회를 주시도록 구하라.

한나: 신실한 어머니

어머니 역할(motherhood)은 하나님께서 그리스
도인 여성에게 부여하신 가장 고귀한 부르심이다. 그러나 이는 여성
이 성취할 수 있는 유일한 역할은 아니다. 때로 독신으로 남거나(고전
7:8~9 참조), 결혼은 했으나 아이가 없는 경우도 하나님의 뜻이다. 그
러나 대부분의 여성을 위한 태초의 하나님의 계획은 경건한 아이를
낳고 기르는 것이다(딤전 5:10; 딛 2:3~5). 그 계획의 첫 번째 예는 사라
로, 결혼과 모권(母權)에 대한 믿음과 순종의 모델이 된다. 라헬도 좋
은 예가 되는데, 그녀는 베냐민을 낳은 후 죽었다(창 35:16~20). 룻은
사랑과 희생의 본으로, 주 예수의 조상인 오벳의 어머니가 되는 축복
도 받았다.

그러나 우리는 한나의 삶을 연구할 때 신실한 어머니에 대해 가장

성경적으로 잘 묘사된 것을 볼 수 있다. 그녀의 이름은 은혜와 아름다움이라는 뜻이고, 이는 하나님께서 그녀에게 아들을 주시기 전에 그녀의 믿음과 성품을 시험하실 때 보여주셨던 것이다.

한나는 사무엘상 1장에 처음 등장하는데, 그때는 이스라엘에서 사사들이 어려웠던 시대 말기로 향하고 있었다. 도덕적, 종교적인 타락과 정치적 혼란과 번민의 시대였다. 삼손의 죽음으로 이스라엘에는 지도자가 없어서 원수인 블레셋 족속에게 침략받기 쉬운 상태였다. 따라서 그들은 위대한 지도자가 필요했고, 하나님께서는 그러한 사람을 만들어 갈 위대한 여인이 필요하셨다. 사무엘이 그러한 사람이었고, 한나는 하나님의 도움으로 사무엘의 성품에 영향을 준 경건한 어머니였다.

한나는 그녀의 삶에서 세 가지 올바른 관계를 맺고 있었고, 이를 통해 그녀는 경건한 아내요, 어머니가 되었다.

남편과 올바른 관계를 맺은 한나

우리는 사무엘상 1장 1~2절에서 한나의 이야기 초반부를 찾을 수 있다. "에브라임 산지 라마다임소빔에 에브라임 사람 엘가나라 하는 사

람이 있었으니 그는 여로함의 아들이요 엘리후의 손자요 도후의 증
손이요 숩의 현손이더라 그에게 두 아내가 있었으니 한 사람의 이름
은 한나요 한 사람의 이름은 브닌나라 브닌나에게는 자식이 있고 한
나에게는 자식이 없었더라.”

　한나의 결혼 생활은 분명히 온전한 것은 아니었는데, 이는 일부다
처제였기 때문이다. 일부다처제는 고대 인류 문화에서는 일반적인
것으로 하나님께서 그 죄를 참으셨지만, 이는 결코 하나님께서 계획
하신 결혼제도는 아니었고(창 2:24), 항상 부정적인 결과를 낳았다. 그
리고 엘가나가 둘째 부인 — 아마도 한나가 아이를 낳지 못함에 대한
대응책으로 그의 재산을 갖게 될 자녀를 생산하기 위한 — 이 있었다
는 것이 한나에게는 아주 힘든 상황을 야기하였다.

　그럼에도 불구하고, 일부다처제의 죄를 넘어서 한나는 남편 엘가
나와 올바른 관계를 맺었다. 몇 가지 특징들이 이 사실을 증명해준다.

남편과 함께 예배드린 한나

무엇보다도 한나와 엘가나는 함께 하나님께 예배를 드렸다. “이 사람
[엘가나]이 매년 자기 성읍에서 나와서 실로에 올라가서 만군의 여
호와께 예배하며 제사를 드렸는데”(삼상 1:3). ‘매년’이라는 것은 엘
가나와 그 가족이 일 년에 단 한 번만 예배를 드리러 갔다는 뜻이 아

5장 한나: 신실한 어머니

91

니다. 그가 예배에 매년 참석했다는 것은 아마도 일 년에 최소 세 번, 무교절, 칠칠절, 초막절에는 예배드리러 갔다는 것을 가리킨다(신 16:16~17 참조). 엘가나는 예루살렘에 언약궤가 놓이기 전에 예배를 드리던 실로에 갔다.

한나에게는 경건하고 하나님을 경외하는 남편이 있어서 그녀는 자녀들을 "주의 교훈과 훈계로" 양육해야 하는 모든 믿는 어머니로서의 책임을 더 쉽게, 더 효과적으로 할 수 있었다(엡 6:4; 고후 6:14 참조). 한나는 영적인 지도력을 발휘하고 가정 예배를 통해 거룩함의 본을 보일 남편이 필요하다는 것을 알고 있었다(신 7:3; 수 23:11~13과 불신자와의 결혼에 관한 하나님의 명령과 경고에 관해 슥 9:10~15 참고).

서로를 사랑한 한나와 엘가나

엘가나는 브닌나보다 한나를 사랑했고, 말씀에서 그가 그 사실을 숨기지 않았다고 말한다. "엘가나가 제사를 드리는 날에는 제물의 분깃을 그 아내 브닌나와 그 모든 자녀에게 주고 한나에게는 갑절을 주니 이는 그를 사랑함이라 그러나 여호와께서 그로 성태치 못하게 하시니"(삼상 1:4~5). 이는 그가 브닌나와 맺었던 관계는 단지 상속자를 얻기 위한 관계였음을 잘 말해준다.

화목제는 예배의 일부였는데, 제사장이 제물의 일부를 떼어가고 나머지는 가족의 잔치를 위해 돌려주었다. 한나는 엘가나가 마음으로부터 진정으로 사랑한 사람이었기 때문에 다른 사람들의 분깃의 두 배를 받았다. 그의 행동은 감정적인 반응 이상의 것이었다. 이는 친절, 배려, 희생과 존경의 사랑이었다. 모든 아내처럼 한나는 엘가나가 그 잔치에서 공식적으로 보인 사랑으로 안정감을 찾았다.

남편의 동정을 받은 한나

한나의 남편인 엘가나가 예배 잔치에서 사랑으로 그녀에게 갑절의 분깃을 주었음에도 불구하고, 한나가 항상 그 분깃을 즐길 수 있는 것은 아니었다. 사무엘상 1장 6~9절에서는 배경 설명과 함께 엘가나가 어떻게 그녀의 필요를 더 채워 주었는지를 보여준다. "여호와께서 그에게 임신하지 못하게 하시므로 그의 적수인 브닌나가 그를 심히 격분하게 하여 괴롭게 하더라 매년 한나가 여호와의 집에 올라갈 때마다 남편이 그같이 하매 브닌나가 그를 격분시키므로 그가 울고 먹지 아니하니 그의 남편 엘가나가 그에게 이르되 한나여 어찌하여 울며 어찌하여 먹지 아니하며 어찌하여 그대의 마음이 슬프냐 내가 그대에게 열 아들보다 낫지 아니하냐 하니라 그들이 실로에서 먹고 마신 후에 한나가 일어나니 그때에 제사장 엘리는 여호와의 전 문설주 곁 의자에 앉아 있었더라."

한나는 남편의 반응으로 진정 복을 받았다. 엘가나는 한나와 브닌나 사이의 갈등을 알았고, 브닌나가 의도적으로 그 갈등을 심화시키고 있고 그것이 한나에게는 고통스럽고 힘든 상황이 된다는 것을 알았다. 그러나 그는 동정 어린 마음을 갖고 한나의 감정을 사려 깊게 읽었다. 그래서 엘가나는 한나를 가르치려 들지 않고 단지 질문을 함으로, 그녀의 마음을 이해한다는 것을 드러내고 엘가나의 깊은 사랑에 대해 한나가 재확인하도록 하였다.

하나님과 올바른 관계를 맺은 한나

한나가 경건한 어머니가 되기 위해 믿음으로 준비할 때, 그녀는 남편과 올바른 관계를 맺었을 뿐 아니라 하나님과도 올바른 관계를 맺었다. 그녀는 아이를 낳지 못함에 대한 문제를 갖고 하나님께 바로 나아가야 한다는 것을 온전히 깨달았다. 그렇게 반응함으로 한나는 여섯 가지 경건한 덕목을 보여주었다.

하나님의 능력을 사모한 한나
첫째, 한나는 그녀의 삶에서 하나님의 능력을 강렬히 사모하였지만,

그것이 무슨 의미였을까? 아주 단순하게, 그녀는 아들을 절실히 원했다. 너무 절실하여 하나님 앞에서 울며 금식하였다. 그러나 한나는 이기적인 생각에서 아들을 구한 것이 아니었다. 그녀는 자신의 지위를 높이기 위해 아들을 과시하려고 원한 것이 아니었고, 자신의 사랑을 채우기 위해 원한 것도 아니었다. 그녀는 하나님께 아들을 드리기를 원했다. 말할 것도 없이 한나는 자녀가 하나님께로부터 온 기업임을 깨달았다(창 33:5 참조). 후에 시편 기자는 이렇게 표현하였다.

또 잉태하지 못하던 여자로 집에 거하게 하사 자녀의 즐거운 어미가 되게 하시는도다 할렐루야(시 113:9).

자식은 여호와의 주신 기업이요 태의 열매는 그의 상급이로다 젊은 자의 자식은 장사의 수중의 화살 같으니(시 127:3~4).

한나처럼 진정으로 경건한 여인은 하나님께서 주신 어머니의 마음을 갖는다. 그녀는 자녀를 하나님께 다시 돌려드리기 위해 하나님으로부터 온 선물로, 하나님의 사랑에 대한 특별한 축복으로, 여자들을 위한 하나님의 기본적인 계획을 실현하는 것으로 보았기 때문에 자녀를 간절히 원했다.

기도의 여인 한나

둘째, 한나는 기도하는 여인으로 경건한 덕목을 보여준다. 그녀는 하나님께서 자녀를 주시는 근원이심을 이해했기 때문에(시 139:13~16), 하나님만이 자신의 불임을 고칠 수 있다는 것을 알았다. 사무엘상 저자는 한나가 성전에서 부지런히 기도했다고 기술한다. "한나가 마음이 괴로워서 여호와께 기도하고 통곡하며 서원하여 이르되 만군의 여호와여 만일 주의 여종의 고통을 돌보시고 나를 기억하사 주의 여종을 잊지 아니하시고 주의 여종에게 아들을 주시면 내가 그의 평생에 그를 여호와께 드리고 삭도를 그의 머리에 대지 아니하겠나이다"(삼상 1:10~11).

한나는 하나님의 앞에 가서 정직하고 열린 기도로 그녀의 마음을 쏟아 놓았다. 지속적이고 인내하는 믿음은 그녀의 기도의 두드러진 덕목이었다. 사무엘상 1장 12절에서는 다음과 같이 말한다. "그가 여호와 앞에 오래(지속적으로) 기도하는 동안에." 그러므로 한나는 모든 진실한 기도 용사의 정신의 예가 된다. 그녀는 기도와 함께했고 멈추지 않았다. 이는 사도 바울이 몇 세기 후에 그리스도인들이 행해야 할 것을 지시한 것과 정확하게 같다. "쉬지 말고 기도하라"(살전 5:17; 눅 18:1~8 참조).

서원의 여인 한나

셋째, 한나는 하나님께 자신의 아들을 온전히 바치겠다고 서원함으로, 경건한 어머니의 모습을 보여준다. "만군의 여호와여 만일 주의 여종의 고통을 돌보시고 나를 기억하사 주의 여종을 잊지 아니하시고 주의 여종에게 아들을 주시면 내가 그의 평생에 그를 여호와께 드리고 삭도를 그의 머리에 대지 아니하겠나이다"(삼상 1:11).

그녀의 서원 마지막 부분은 나실인의 맹세이다(민 6:4~8; 삿 13:5, 16:7). 만일 이스라엘 남자가 전적으로 하나님께 집중하고 싶다면, 그는 때로 금욕적인 삶을 살기로 서원하여 유행하는 옷이나 외모에 관심을 갖지 않을 것이다. 이는 머리를 기르는 것, 뷔페나 축하연의 거한 음식들을 피하는 것과 포도주나 독주를 마시지 않는 것이 포함된다. 많은 유대 남자는 단기간 동안 나실인의 서원을 하지만, 성경에서 일평생 나실인으로 지낸 사람은 단 세 명만 기록되어 있다. 삼손, 세례 요한과 한나의 아들 사무엘이다. 따라서 한나는 진실한 이유를 위해 올바른 태도로 서원하였다. 만일 하나님께서 그녀에게 아들을 주시면, 그녀는 아들을 주님을 섬기고, 영화롭게 하는 거룩한 사람으로 기르고 싶었다. 기본적으로 한나는 사무엘을 하나님께 드리려 하였다. 결혼한 여자의 서원은 남편이 허락하거나 반대할 수 있기 때문에 엘가나의 동의가 있어야만 했다(민 30:6~15 참조).

정결한 여인 한나

셋째, 한나가 보여준 경건의 덕목은 정결함이었다. 그러나 다른 사람들이 항상 이를 알고 있는 것은 아니었다. 그녀가 성전에서 집중적으로 계속 기도하고 있을 때를 예로 들 수 있다.

그가 여호와 앞에 오래 기도하는 동안에 엘리가 그의 입을 주목한즉 한나가 속으로 말하매 입술만 움직이고 음성은 들리지 아니하므로 엘리는 그가 취한 줄로 생각한지라 엘리가 그에게 이르되 네가 언제까지 취하여 있겠느냐 포도주를 끊으라 하니 한나가 대답하여 이르되 내 주여 그렇지 아니하니이다 나는 마음이 슬픈 여자라 포도주나 독주를 마신 것이 아니요 여호와 앞에 내 심정을 통한 것뿐이오니 당신의 여종을 악한 여자로 여기지 마옵소서 내가 지금까지 말한 것은 나의 원통함과 격분됨이 많기 때문이니이다 하는지라 엘리가 대답하여 이르되 평안히 가라 이스라엘의 하나님이 네가 기도하여 구한 것을 허락하시기를 원하노라 하니(삼상 1:12~17).

대제사장이었던 엘리는 성전 문설주 곁에 앉아서 한나가 기도하는 것을 지켜보고 있었다(삼상 1:9). 그가 관찰력이 있을지는 모르겠으나, 한나에게 실제로 무슨 일이 일어나고 있는지 분별하지는 못했

다. 사실, 여기서 그가 분별력이 부족했다는 것은 대제사장으로 부적
격했다는 것을 보여주고, 이는 〈사무엘상〉에서 분명하게 드러난다.

엘리는 한나가 조용히 입술만 움직이는 것을 보고 그녀가 취한 증
거라고 잘못 해석하였다. 그녀는 엘리의 주장에 정중하지만 단호하
게 부인했다(삼상 1:15~16). 그 부인함과, "지나친 관심과 자극"에도
불구하고 그녀가 사실은 기도하고 있었다고 단호하게 주장함으로
볼 때, 그녀는 현숙한 여인이었음을 알 수 있다(잠 12:4, 31:10).

또한 한나의 경건한 덕목은 왜 그녀가 "가치 없는 여자"(문자 그대
로 하면, "벨리알의 딸")로 여겨지기를 원치 않았는지를 설명해준다. 이
는 구약에서 우상숭배를 하는 사람들(신 13:12~15), 반항적인 사람들
(삼상 2:12~17), 음란하고 관능적인 행위에 연루된 사람들(삿 19~20
장), 거만하고 둔감한 사람들(삼상 25:9~10, 25), 심지어 살인을 저지른
사람들(왕상 21:6~13)을 일반적으로 일컫는 표현이었다. 그녀는 분명
자신의 실제적인 죄들이 무엇인지 겸손하게 인식하였다 하더라도,
그러한 악행을 저지른 사람으로 분류되어서는 안 된다는 것을 알고
있었다.

인내하는 믿음을 가진 한나

다섯째, 한나가 보여준 경건한 덕목은 엘리에게 마지막으로 반응하

면서 드러낸다. "이르되 당신의 여종이 당신께 은혜 입기를 원하나이다 하고 가서 먹고 얼굴에 다시는 근심 빛이 없더라"(삼상 1:18). 한나는 마음 깊은 곳에 있는 짐을 하나님께 드리고 더 이상 낙심하지 않았다. 이는 진정한, 인내하는 믿음을 보여준다. "오 하나님, 제 문제가 여기 있습니다"라고 기도하지 않는 믿음을 가진 사람들은 하나님의 존전에서 의심과 낙심이 가득하여 떠난다. 반면, "제 문제가 여기 있습니다, 하나님"이라고 기도하는 사람들은 그 문제를 하나님께 두고 그분이 다루실 것을 전적으로 신뢰하며 떠난다. 한나의 의지와 같은 믿음을 가진 그리스도인들은 가장 큰 짐도 하나님께 드리고(벧전 5:6~7) 인내함으로 자신의 삶을 지속해간다. 그리고 더 이상 그것들에 대해 심히 염려함으로 슬퍼하지 않는다.

찬양의 여인 한나

여섯째, 한나는 하나님께서 기도에 응답하시고 그녀에게 아들을 주셨을 때, 순전하고 끊임없는 찬양으로 감사의 반응을 보였다. 사무엘상 2장 1~10절에서 보여주는 그녀의 말들은 진정한 감사에 어떠한 것이 포함되는지를 보여주는 걸작이다. 이 구절은 누가복음 1장 46~55절에 있는 마리아의 찬가(Magnificat)와 아주 흡사한 것으로 주의 깊게 묵상해볼 만하다.

마리아가 이르되 내 영혼이 주를 찬양하며 내 마음이 하나님 내 구주를 기뻐하였음은 그의 여종의 비천함을 돌보셨음이라 보라 이제 후로는 만세에 나를 복이 있다 일컬으리로다 능하신 이가 큰일을 내게 행하셨으니 그 이름이 거룩하시며 긍휼하심이 두려워하는 자에게 대대로 이르는도다 그의 팔로 힘을 보이사 마음의 생각이 교만한 자들을 흩으셨고 권세 있는 자를 그 위에서 내리치셨으며 비천한 자를 높이셨고 주리는 자를 좋은 것으로 배불리셨으며 부자는 빈손으로 보내셨도다 그 종 이스라엘을 도우사 긍휼히 여기시고 기억하시되 우리 조상에게 말씀하신 것과 같이 아브라함과 그 자손에게 영원히 하시리로다 하니라.

가정에서 올바른 관계를 맺은 한나

한나가 가졌던 세 번째로 가치 있는 성품은 가정에 대한 책임감을 충실하게 감당한 것이다. 이는 첫째로 하나님이 그녀에게 주셨던 새로운 아들에 대한 헌신을 포함하였다(삼상 1:19~20). 사무엘상 기자는 말한다. "그 사람 엘가나와 그의 온 집이 여호와께 매년제와 서원제를 드리러 올라갈 때에 오직 한나는 올라가지 아니하고 그의 남편에게 이르되 아이를 젖 떼거든 내가 그를 데리고 가서 여호와 앞에 뵙게 하고 거기에 영원히 있게 하리이다 하니 그의 남편 엘가나가 그에게 이르되 그대의 소견에 좋은 대로 하여 그를 젖떼기까지 기다리라 오직 여호와께서 그의 말씀대로 이루시기를 원하노라 하니라 이에 그 여자가 그의 아들을 양육하며 그가 젖떼기까지 기다리다가"(삼상 1:21~23).

한나의 가족이 라마와 실로 사이를 도보로 왕복하려면 2~3주 걸렸을 것이다. 그녀는 사무엘을 돌보는 데 전념하느라 이러한 오랜 여정에 전혀 끌리지 않았다. 그녀는 규칙적인 가사와 조용한 수유 환경을 방해받고 싶지 않았거나 오랜 도보여행으로 사무엘에게 불편한 환경을 만들고 싶지 않았다. 이는 요즘 많은 어머니가 아이들을 보육 시설에 맡기고 서둘러 직장으로 돌아가는 것과는 아주 대조된다.

한나는 그녀의 남편과 함께 아들을 하나님께 드릴 때까지 집에서 양육하면서 하나님의 진리를 가르치기로 하였다(신 6:6~9 참조). 따라서 그녀는 집에서 아들을 돌보는 데 헌신했을 뿐 아니라, 자신이 약속했던 대로 사무엘을 하나님께 바치기를 원했다.

한나는 다른 사람들처럼 아들이 유명해지기를 바라거나 자기만족을 얻게 하기 위해서 사무엘을 키우지 않았다 ― 사무엘이 후에 부하게 되고 성공하는 직업을 가져 그녀가 자랑할 수 있고, 노년에 재정적

지원을 받게 될 것을 추구하지 않았다. 그녀는 단지 사무엘을 하나님께 드렸다. "젖을 뗀 후에 그를 데리고 올라갈새 수소 세 마리와 밀가루 한 에바와 포도주 한 가죽부대를 가지고 실로 여호와의 집에 나아갔는데 아이가 어리더라 그들이 수소를 잡고 아이를 데리고 엘리에게 가서"(삼상 1:24~25).

한나는 사무엘에 대한 책임을 지지 않은 적이 한 번도 없었고(삼상 2:18~19), 엘가나와 하나님과의 관계를 신실하게 유지하였고, 하나님은 이를 귀히 여기셨다.

사회에 대한 소망은 다음 세대에 달려 있는데, 다음 세대는 현재의 경건한 어머니들의 행동에 많이 달려 있는 것 같다. 한나는 경건한 어머니의 확실한 역할 모델로 뛰어난 예가 된다.

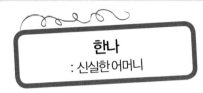

한나
: 신실한 어머니

요약하기

한나는 남편, 하나님과 가정과의 올바른 관계를 통해 신실하고 경건한 어머니의 역할 모델이 된다.

생각하기

1. 자녀를 양육하는 것은 거룩한 부르심이나, 모든 사람이 그러한 기회를 갖는 것은 아니다. 주위 자녀가 없으나 하나님께서 그들에게 다른 사람의 자녀들을 섬기도록 하신 사람이 있다면 방법들을 나누라.
2. 무언가를 위해 가장 오래 기도한 기간은 얼마나 되는가? 그것은 무엇이었고, 하나님께서 최종적으로 응답하셨을 때 어떻게 반응하였는가?

대답하기

1. 한나를 제외하고, 거룩한 여인과 어머니의 예로 주어진 다섯 명의 여인 중 세 명을 열거해보라.
2. 이스라엘 역사에서 한나는 어떤 시대에 살았는가? 이스라엘이 당시 가장 필요로 하던 것은 무엇이었는가?
3. 한나의 결혼에 어려움을 야기한 고대의 관례는 무엇인가?
4. 당신은 어떻게 엘가나의 영적인 성숙함을 특징짓겠는가? 그는 그것을 어떻게 드러냈는가?
5. 엘가나가 한나에게 두 배의 분깃을 준 것의 중요성은 무엇인가?
6. 엘가나는 한나와 브닌나 사이의 어려움에 어떻게 반응하였는가?
7. 한나가 아들을 원한 기본적인 동기는 무엇이었는가?
8. 한나의 기도 생활에서 두드러지는 덕목은 무엇이었는가?

9. 한나가 사무엘상 1장 11절에서 서원한 마지막 부분은 무엇이었는가?

10. 한나가 성전에서 기도하는 행동에 관해 엘리 대제사장이 오해한 것은 무엇이었는가?

11. 구약에서 "가치 없는 여자"라는 표현은 무슨 뜻인가?

12. 한나의 기도를 통해 보여지는 인내하는 기도의 믿음은 어떤 것인가?

13. 사무엘상 2장 1~10절에서 한나의 찬양의 말들과 견줄 수 있는 구절은 무엇인가?

14. 한나가 헌신한 자녀 양육의 원칙은 무엇이었는가(삼상 1:21~23; 신 6:6~9)? 이는 오늘날의 많은 어머니의 태도와 어떻게 비교되는가?

기도하기

한나가 보인 거룩함과 신실함에 대한 성숙한 예에 대해 감사드리라. 어머니나 아버지의 역할로 갈등하고 있는 사람을 위해 기도하라. 그가 한나가 했던 것처럼 그의 문제를 하나님께 맡기게 해달라고 구하라.

진리 적용하기

신명기 6장 6~9절을 읽고 묵상하라. 당신의 자녀에게 말씀을 가르치는 것에 대한 원칙들을 인식하고, 이를 당신의 자녀나 교회에 영적인 멘토링이 필요한 사람들에게 실제적으로 적용할 수 있는 방법들을 계획하라.

JONAH
: The Reluctant Missionary

요나: 주저하는 선교사

성경 말씀에서는 하나님께서 태초부터 이스라엘을 선교사들의 나라로 택하셨음을 가르친다. 하나님께서는 말씀과 생활로 그분의 진리를 세상에 선포할 한 나라를 부르시고, 이스라엘 내에서 그분의 선교 임무를 완수할 특정한 몇 사람을 택하셨다. 그러한 선지자들은 먼저 이스라엘이 거룩하고 의로운 증인이 되어야 한다고 권고하였고, 그 후에 믿지 않는 세상 가운데 하나님의 심판이 임할 것이기 때문에 죄를 회개해야 한다는 메시지를 선포하였다.

우리는 이미 어떻게 아브라함과 모세가 그들 주위에 있는 사람들에게 예언자의 소리가 되었는지 보았다. 구약의 대선지자들과 소선지자들은 이방 세계에 설교하라는 비슷한 사명을 담당하였다. 이사야(바벨론, 모압, 시리아, 애굽, 두로; 13~27장), 예레미야(애굽, 블레셋, 베니

6장 요나: 주저하는 선교사

게, 모압, 암논, 에돔, 시리아, 게달, 하솔, 엘람, 바벨론; 46~51장), 에스겔(두로, 시돈, 애굽; 25~32장), 다니엘(바벨론과 메대 바사, 〈다니엘서〉 전체), 오바댜(에돔), 나훔(니느웨)와 스바냐(회개하지 않은 모든 이방인).

대부분의 사람은 그러한 선지자들의 이름에는 익숙하지만, 선지자들의 이야기를 자세히 말하기는 어려울 것이다. 그러나 한 소선지자(소위 소선지자라고 불리는 이유는 그것이 짧기 때문이지, 덜 중요하기 때문이 아니다)는 대부분의 신자와 심지어 많은 불신자에게도 꽤나 잘 알려져 있다. 그는 요나 선지자이다. 이 예는 기본적으로는 부정적이나 — 대조를 통한 예 — 성령께서 말씀에 이 이야기를 넣은 이유는 전 시대를 막론하고 신자들에게 교훈적이기 때문이다. 그는 선교사들이 하지 말아야 할 것에 대한 가장 중요한 성경적 예이다. 〈요나서〉는, 특별한 사명으로 거룩한 부르심을 받은 성경적 인물의 어떤 이야기보다도, 영적인 섬김에 있어 한 사람의 잘못된 태도와 잘못된 사역 방법론에 대해 더 잘 가르치고 있다.

우리는 또한 〈요나서〉를 통해 하나님께서 얼마나 이방인들에 대해 깊은 관심을 갖고 계신지, 교만한 이스라엘 — 요나로 인격화(人格化)된 — 이 그들에 대해 얼마나 완전히 무관심한지를 배우게 된다. 이 상황은 오늘날의 교회와 비슷하다. 그리스도인들은 요나처럼 하나님의 선교적인 부르심에 순종하기를 꺼리고 있고, 교회들은 이스라엘이 했던 것처럼 잃어버린 영혼들을 향한 하나님의 갈망함에 대해 무관심하다.

요나의 이야기는, 그리스도인이 믿음을 훈련하는 것을 꺼리지 않고, 섬기라는 하나님의 부르심에 반응하지 않을 때, 무슨 일이 일어날 수 있는지를 묘사하고 있다. 이는 믿음의 걸음을 걷는 그리스도인들이라면 피해야 할 행동패턴을 사실적으로 묘사한 것이다.

요나의 첫 번째 선교의 부르심

요나에게 하나님의 첫 번째 부르심은 이 책의 서두에 나온다. "여호와의 말씀이 아밋대의 아들 요나에게 임하니라 이르시되 너는 일어나 저 큰 성읍 니느웨로 가서 그것을 향하여 외치라 그 악독이 내 앞에 상달되었음이니라 하시니라"(욘 1:1~2).

요나의 배경은 거의 알려져 있지 않다. 그는 이스라엘 국경지역(북왕국)의 회복을 예견했던 바로 그 선지자였다. 그 예언은 여로보암 2세 때에 실현되었다(왕하 14:25). 그 왕국은 동북쪽 다메섹까지 확장하였다. 요나가 기원전 790년경에 그 말을 하였으므로, 그는 엘리사를 알았던 것 같고 그에게 가르침을 받았을 수도 있다(왕하 6:1~7).

요나 시대에 이스라엘은 번성하였지만, 또한 지속적으로 시리아와 앗수르의 게릴라성 공격을 받아야만 했다. 그들의 수도가 니느웨였다. 따라서 이스라엘 백성들은 앗수르의 세력 확장을 두려워하게 되었고, 니느웨와 그곳 사람들을 원수처럼 싫어했다. 문화적으로 발달된 이 도시는 티그리스강 동편에 위치하여(그리고 니므롯에 의해 처음으로 세워졌다; 창 10:8~10 참고) 당시 60만 명 이상의 인구가 있었고, 그들이 점령한 지역은 광대했다. 고고학자들은 도시 한 편에서 반대편까지 도보로 사흘이 걸렸다고 말한다.

니느웨 백성들은 웅장하고 인상적인 도시 크기와 높은 수준의 문명화를 자랑스러워했다. 그러나 하나님께서는 그들의 사악함을 잘 아셨고, 나훔 선지자를 통해 그들을 잔혹한 자들이라고, 사기, 거짓, 약탈, 교만, 호색, 폭력, 주술, 우상숭배가 가득한 자들이라고 반복하여 말씀하셨다. 인간의 사악함에 대한 지식은 불에서 나는 독한 연기처럼 하나님의 보좌로 올라간다(사 9:18, 65:5 참조). 그리고 그분은 주권적인 계획 하에 요나에게 예언의 메시지를 전하라고 임명함으로 니느웨의 죄에 대적하셨다.

요나에게 하신 하나님의 첫 번째 위임

하나님께서 요나에게 "너는 일어나 저 큰 성읍 니느웨로 가서 그것을 처서 외치라"(욘 1:2)고 명령하셨을 때, 그분은 요나를 니느웨의 회개를 위해서만 그곳으로 보낸 것이 아니라, 극적인 방법으로 이스라엘 사람들을 부끄럽게 하려는 것이었다. 유대인들은 주변 국가에 하나밖에 없는 참 하나님을 선포하는 대신, 교만하고 자기만족적인 종교 형태에서 굳어져 가고 있었다. 이제 그들의 두려운 원수인 앗수르는, 알려지지 않은 한 선지자가 설교한 결과로, 야훼 앞에서 베옷을 입고 재를 쓰고 회개하려는 참이었다.

유대인들은 얼마나 비난받을 만한 태도를 가지고 있었는가! 주님은 그들의 영적인 의무 불이행과 전도에 관한 하나님의 뜻에 순종하지 않으려는 태도에 대해 요나를 통해 꾸짖으셨다. 따라서 하나님께서는 그의 백성이 하지 않는 것을 한 개인에게 하라고 부르셨고, 요나는 이 과정을 통해 궁극적으로 니느웨 백성들에 대한 사명을 실현함과 동시에 자신에게 불순종하는 백성들을 엄하게 질책하려 하셨을 것이다.

요나의 불순종적인 반응

놀랍게도 하나님의 첫 번째 위임에 대한 요나의 반응은 이스라엘이 전하려 하지 않는 것을 인격화한 것이다. 요나는 불순종으로 반응하고 "일어나 다시스로 도망하려 하였다"(욘 1:3). 그는 왜 그렇게 부정적인 태도로 반응하였을까? 어쩌면 원수의 수도에 들어가 그곳 백성들에게 복음을 전해야 한다는 생각에 어느 정도 두려움을 느끼고 있었을지 모른다. 그러나 요나서 4장 2절에서 요나가 그렇게 해야만 했던 이유에 대해 사실적으로 설명한다. "여호와께 기도하여 이르되 여호와여 내가 고국에 있을 때에 이러하겠다고 말씀하지 아니하였나이까 그러므로 내가 빨리 다시스로 도망하였사오니 주께서는 은혜로우시며 자비로우시며 노하기를 더디하시며 인애가 크시사 뜻을 돌이켜 재앙을 내리지 아니하시는 하나님이신 줄을 내가 알았음이니이다." 그는 하나님께서 이스라엘의 공격자이고 압제자인 이방 나라를 용서하실 것이라는 생각에 견딜 수가 없었다.

요나가 그렇게 행한 이유는 원수의 도시에 들어가기 두려워서가 아니라, 오히려 깊이 박힌 인종적이고 종교적인 편견 때문이었다. 그는 니느웨가 회개하면 하나님께서 용서하실 것을 알았지만 그런 일이 일어날 가능성조차도 싫어했다. 그 당시에는 인종적 편견에 대한 감정이 깊었는데, 이는 요즘 사람들에게도 마찬가지이다. 당대의 많은 이스라엘 백성과 마찬가지로 요나는 구원받지 않은 니느웨 백성들을 무시하고, 그들은 심판과 정죄를 받아야만 한다고 믿었다. 그는 하나님의 은혜와 자비하심이 그렇게 큰 이방인 그룹에 적용될 것에 대한 결과를 두려워하였다. 그리고 설교를 통하여 니느웨 백성들이 회개한다면, 하나님께서 저버린 이스라엘 백성들보다 훨씬 나은 위치에 있게 될 것을 알았다. 요나는 선민 이스라엘에게 임할 심판에 대해 염려하며 그려보았다. 만일 앗수르인들이나 다른 이방인들이 회개한다면, 하나님께서는 이방 나라들을 축복하시고 이스라엘로부터 그분의 축복을 거두어 가실 것이라고 생각했다.

요나의 이유 있는 행동에도 불구하고, 그의 의지적인 불순종과 그 결과는 우리 모두에게 경각심을 일으키는 경고가 된다. 그는 무소부재하신 하나님으로부터 배를 타고 도망갈 수 없다는 것을 분명히 알았다. "내가 주의 신을 떠나 어디로 가며 주의 앞에서 어디로 피하리이까"(시 139:7). 그러나 그는 이스라엘에서 충분히 멀리 떨어져 있으면 더 이상 사용될 수 없을 것이라고 생각했다. 만일 하나님께서 진정으로 니느웨에 누군가를 보내고 싶으시다면 누군가 다른 사람을 택해야만 하실 것이었다.

아마도 모든 그리스도인은 하나님께서 언제라도 쓰실 수 있도록 하는 사역적 유용성(有用性)에 대해 어느 정도 갈등해왔을 것이다. 하나님께서는 모든 그리스도인에게 그분을 위해 주위에 있는 사람들에게 나아가라고 부르셨다. 그러나 많은 사람은 이 부르심을 받아들이는 대신 다른 방향으로 가서, 그들의 직업, 활동, 가족, 다른 의무들과 관계된 일을 한다. 나는 특별한 임무, 특정한 준비 훈련, 또는 특정 사역(목사직, 선교 사역, 주일학교 교사)을 위해 하나님의 부르심을 받은 그리스도인들이 하나님의 뜻을 성취하는 것이 불가능하다며 현재 상황에 확고한 입장을 취하는 것을 보아왔다.

하나님의 부르심에 도망가는 것은, 그것이 어떠하든지 상관없이, 빛으로부터 도망가려는 노력과 흡사하다. 결론적으로 당신은 어둠 가운데에 있게 된다. 그리고 그것이 바로 요나에게 일어날 일이었다.

요나의 불순종의 결과

그리스도인의 영적 반항은 결국 성공하지 못한다. 하나님은 항상 그 사람을 밝히시고 "당신이 그 사람이라"(삼하 12:7)고 말씀하신다. 그렇게 되면 그 사람은 그 결과를 맞이해야만 한다. 이 일이 바로 요나에게 일어났는데, 그가 스페인 남서부에 있는 상업 항구인 다시스로 향하는 배를 탔을 때 하나님께서 개입하셔서 지중해에 심한 폭풍을 일으키셨다. 〈요나서〉의 첫 장에서 이 폭풍의 영향에 대해 묘사하고 있다.

여호와께서 큰 바람을 바다 위에 내리시매 바다 가운데에 큰 폭풍이 일어나 배가 거의 깨지게 된지라 사공들이 두려워하여 각각 자기의 신을 부르고 또 배를 가볍게 하려고 그 가운데 물건들을 바다에 던지니라 그러나 요나는 배 밑층에 내려가서 누워 깊이 잠이 든지라 선장이 그에게 가서 이르되 자는 자여 어찌함이냐 일어나서 네 하나님께 구하라 혹시 하나님이 우리를 생각하사 망하지 아니하게 하시리라 하니라 그들이 서로 이르되, 자 우리가 제비를 뽑아 이 재앙이 누구로 말미암아 우리에게 임하였나 알아보자 하고 곧 제비를 뽑으니 제비가 요나에게 뽑힌지라 무리가 그에게 이르되 청하건대 이 재앙이 누구 때문에 우리에게 임하였는가 말하라 네 생업이 무엇이며 네가 어디서 왔으며 네 나라가 어디며 어느 민족에 속하였느냐 하니 그가 대답하되 나는 히브리 사람이요 바다와 육지를 지으신 하늘의 하나님 여호와를 경외하는 자로라 하고 자기가 여호와의 얼굴을 피함인 줄을 그들에게 말하였으므로 무리가 알고 심히 두려워하여 이르되 네가 어찌하여 그렇게 행하였느냐 하니라 바다가 점점 흉용한지라 무리가 그에게 이르되 우리가 너를 어떻게 하여야 바다가 우리를 위하여 잔잔하겠느냐 하니 그가 대답하되 나를 들어 바다에 던지라 그리하면 바다가 너희를 위하여 잔잔하리라 너희가 이 큰 폭풍을 만난 것이 나 때문인 줄을 내가 아노라 하니라 그러나 그 사람들이 힘써 노를 저어 배를 육지로 돌리고자 하다가 바다가 그들을 향하여 점점 더 흉용하므로 능히 못한지라 무리가 여호와께 부르짖어 이르되 여호와여 구하고 구하오니 이 사람의 생명 때문에 우리를 멸망시키지 마옵소서 무죄한

115

피를 우리에게 돌리지 마옵소서 주 여호와께서는 주의 뜻대로 행하심 이니이다 하고 요나를 들어 바다에 던지매 바다가 뛰노는 것이 곧 그친지라 그 사람들이 여호와를 크게 두려워하여 여호와께 제물을 드리고 서원을 하였더라(욘 1:4~16).

때로 우리는 죄가 자연재해의 원인이 되어 무고한 희생자들의 목숨도 앗아갈 수 있다고 추론해볼 수 있다. 요나와 함께 배에 있던 사공들은 생명을 위협하는 허리케인과 같은 강력한 폭풍에 대해 필사적으로 대처해야만 했다. 이 위기상황에서 각자의 생각으로 배를 구해낼 방법을 모색하였다. 그러나 요나는 갑판에 올라오지도 않았다. 그는 하나님을 생각하는 것은 물론 이 상황에 대해서 그분에게 말하는 것도 귀찮았다. 그래서 다른 사람들이 폭풍에 시달리고 있을 때, 요나는 배 밑층에서 하나님께서 그 뒤에 계신 것을 잊기 위해 깊은 잠에 빠져 있었다.

결국 이방인 선장이 요나를 잠에서 깨워 하나님께 기도해보라고 하였다. 안타깝게도 불순종한 요나는 사공들로 하여금 하나님께서 세상의 창조주라는 것을 일깨워 주어야만 했다(욘 1:9). 그들은 요나에게 기도하라고 했다. 그리스도인들이 다른 사람들에게 하나님을 잘 드러내지 못하고 축복하지 못하는 것처럼, 요나는 선지자였지만 다른 사람들에게는 쓸모없거나 그들을 죄악된 문제의 결과에 빠지도록 만들었다.

하나님께서 사공들에게 요나가 이 폭풍을 가져온 장본인임을 분명하게 드러내셨을 때, 요나는 잘못을 회개하고 앞으로는 하나님께 순종하겠다고 말했어야 했다. 그러나 그는 반항과 편견으로 사실상 이렇게 말했다. "내가 니느웨에 가서 하나님의 은혜에 대해 말씀을 전하여 그들이 회개하고 하나님께 축복받느니 차라리 죽는게 낫겠다." 이와는 대조적으로, 사공들은 자비로워서 그를 즉시 바다에 던지지 않았다. 그들은 배를 다스려 보려고 최후의 순간까지 노력을 다하고도 실패하자 도망가는 선지자의 바람대로 그를 흉용한 바다에 던졌다.

그리고 하나님께서는 사공들에게 즉시 극적인 방법을 사용하여 보여주셨다. 갑자기 초자연적으로 허리케인이 멈추자 그들은 요나가 진정으로 하나님께 불순종했다는 것을 확인하게 되었다. 폭풍을 잠잠하게 하신 것은 전도의 목적을 가진 가르침이었다. "그 사람들이 여호와를 크게 두려워하여 여호와께 제물을 드리고 서원을 하였더라"(욘 1:16). 하나님께서는 요나가 저항함에도 불구하고 그를 사용하는 데 목적이 있으셨는데, 이는 때로 오늘날 기꺼이 행하지 않는 그리스도인들에게도 사용하시는 고통스러운 방법이다.

요나의 구원

모든 정황으로 봐서는 요나가 배 밖으로 던져졌기 때문에 죽을 수밖에 없었다. 그러나 하나님께서는 요나를 내버려두지 않으셨다. 하나님께서는 요나가 물에 빠져 그에게 주어진 사명의 책임을 회피할 수 있는 '그럴싸한' 구실을 허락하지 않으셨다. 그분은 주권적이고 초자연적인 방법으로 사건을 재편성하셨다. "여호와께서 이미 큰 물고기를 예비하사 요나를 삼키게 하셨으므로 요나가 밤낮 삼 일을 물고기 뱃속에 있으니라"(욘 1:17).

요나가 물고기 속에 있었던 시간은 끔찍하고 상상할 수 없는 시련이었지만, 그 결과 불순종을 회개하고 하나님에 대한 중요한 열쇠가 되는 사실들을 깨닫게 되었다. 첫째로, 그는 하나님의 임재와 권위를 깨달았다(욘 2:1~6). 누가복음 15장에 나오는 탕자처럼, 그는 하나님께서 일어났던 모든 상황 가운데 계셨다는 것과 그분의 권위에 순종해야 한다는 것을 알게 되었다.

둘째로, 요나는 하나님의 용서와 능력을 알게 되었다(욘 2:7~9). 그는 자신의 문제에서 하나님께로 초점을 돌렸어야 함을 깨달았다. 그는 하나님의 자비하심과 축복의 진리를 저버렸지만, 하나님의 구원의 능력만이 그를 회복시킬 수 있었다는 것을 상기하게 되었다. 요나는 "구원은 여호와께 속하였나이다"(욘 2:9)라는 사실을 깨달았고,

하나님께서는 물고기에게 요나를 육지에 토하라고 명령하심으로 그의 믿음을 인정하셨다(욘 2:10).

요나의 두 번째 선교의 부르심

하나님은 요나를 회복하신 이후 그를 은혜와 자비로 사랑하셨다. 주님은 여전히 요나를 사용하기 원하셨다. 그분은 이전에 요나서 1장 2절에서 주셨던 것과 같은 명령을 다시 언급하셨다. "일어나 저 큰 성읍 니느웨로 가서 내가 네게 명한 바를 그들에게 선포하라 하신지라"(욘 3:2). 이번에 요나는 교훈을 얻었다. 사실, 그는 회개한 사람이 어떠한지에 대한 살아 있는 모델이 되었다.

요나가 니느웨 백성들에게 한 말들은 단순하고 직접적인 회개의 메시지로 요약된다. "사십 일이 지나면 니느웨가 무너지리라"(욘 3:4).

요나의 말씀 선포의 결과

그 후 니느웨에 실제적으로 어떤 일이 일어났는지 말씀에 기록되어 있다. "니느웨 사람들이 하나님을 믿고"(욘 3:5). 그러나 이는 완전히 기적이었다. 하나님께서 도시 전체가 회개하고 믿게 하는 은혜를 부으셨다. 이는 구약에 기록된 가장 큰 부흥이었고 아마도 구원 역사의 어떤 사건에서보다 많은 회심자를 얻은 것일 것이다. 전체 인구(60만 명이나 그 이상의 어른과 12만 명의 어린이; 욘 4:11 참고)가 하나님께로 돌아왔고, 이는 오순절에 믿게 된 3천 명보다 훨씬 큰 반응이다(행 2:37~41).

여기에서 우리가 꼭 알아야 할 것은 주님은 요나처럼 연단된 도구를 사용하실 수 있다는 것이다. 그는 고집스럽게 불순종했지만 전 인구를 죄에서 진정한 구원의 믿음으로 돌이키는 데 사용되는 도구가 되었다.

요나의 결과에 대한 반응

믿을 수 없게도, 니느웨의 부흥에 대한 요나의 반응은 그가 막 말씀을 전했던 그 사람들에 대해 여전히 죄악되고 편견이 있는 태도로 갈등하고 있다는 것을 드러낸다.

요나가 매우 싫어하고 성내며 여호와께 기도하여 이르되 여호와여 내가 고국에 있을 때에 이러하겠다고 말씀하지 아니하였나이까 그러므로 내가 빨리 다시스로 도망하였사오니 주께서는 은혜로우시며 자비로우시며 노하기를 더디하시며 인애가 크시사 뜻을 돌이켜 재앙을 내리지 아니하시는 하나님이신 줄을 내가 알았음이니이다 여호와여 원하건대 이제 내 생명을 거두어 가소서 사는 것보다 죽는 것이 내게 나음이니이다(욘 4:1~3).

이방, 원수 나라의 수천 명의 사람이 회심하게 되었다는 사실에 대해 요나는 사는 것보다 죽는 것이 낫다고 했다. 그러나 그에게 보인 주님의 반응은 다시금 은혜로우셨다(욘 4:4). 요나는 너무도 이스라엘을 향한 국수주의적인 마음이 강했기 때문에 자신의 백성들은 신앙을 버리고 있는 반면, 이방인들이 대거 회개하는 것은 참기 힘들어했다.

그래서 그는 부흥이 진정으로 일어나는지를 보기 위해 도시 동편, 니느웨 가까이에서 40일간 머물렀다. 만일 40일이 지난 후에 니느웨 백성들의 반응이 위선적인 것이었다고 드러나면, 그의 논리대로라면, 주님이 그들을 멸하실 것이었다(요나의 경고에서 추론할 수 있다; 욘 3:4 참고). 그래서 요나는 작은 초막을 지어 열기로부터 자신을 보호하며 하나님께서 니느웨를 벌하시는지를 보려고 기다렸다.

요나를 위한 하나님의 마지막 교훈

요나의 새롭게 일어난 불만족 가운데에서, 하나님께서는 그에게 더 확실한 교훈을 가르치기 위해 또 다른 기적을 사용하셨다. 주님은 식물이나 나무를 준비하셔서 그늘이 생기게 하셨고, 벌레가 그 식물을 먹어 곧 시들게 하셨다. 그리고는 요나에게 뜨거운 동풍(시로코)이 불게 하여 그를 겸손하게 하셨다(욘 4:6~8).

요나는 이제는 버릇처럼 되어 버린 믿음 없는 반응으로 다시 세 번째로 죽는 게 낫겠다고 하였다. 그러나 하나님께서는 여전히 그에게 다루실 것이 있으셔서 다시 한 번 인내와 은혜로 반응하셨다.

하나님이 요나에게 이르시되 네가 이 박넝쿨로 말미암아 성내는 것이 어찌 옳으냐 하시니 그가 대답하되 내가 성내어 죽기까지 할지라도 옳으니이다 하니라 여호와께서 이르시되 네가 수고도 아니하였고 재배도 아니하였고 하룻밤에 났다가 하룻밤에 말라 버린 이 박넝쿨을 아꼈거든 하물며 이 큰 성읍 니느웨에는 좌우를 분변하지 못하는 자가 십이만여 명이요 가축도 많이 있나니 내가 어찌 아끼지 아니하겠느냐 하시니라(욘 4:9~11).

하나님은 기본적으로 요나에게 그가 가지고 있는 관점이 모두 잘

못되었다는 것을 말씀하고 계셨다. 그 선지자는 자신이 기르느라 수고하지도 않은 덧없는 식물에 큰 관심을 기울였지만, 하나님의 형상으로 지음받은 도시의 백성에 대해서는 경멸하고 있었다. 그들은 회개하지 않으면 영원한 죽음을 경험해야 했다.

하나님은 요나에게 길고, 때로는 고통스러운 사건들을 통해 하나의 큰 교훈을 주셨다. 그는 자신의 우선순위를 바르게 해야 했다. 요나는 이기심을 깨뜨리고, 편견, 자기 의지, 안락함에 대한 지나친 관심을 버리고, 대신에 하나님과 그분의 구원 메시지를 일순위로 놓아야 했다. 이는 오늘날의 그리스도인들도 믿음으로 배울 필요가 있는 동일한 교훈이다. 만일 교회에 있는 우리 중 어떤 이들이 무언가에 관심을 가지려 한다면, 그것이 우리에게 얼마나 그늘을 주고 있는가가 아니라, 구원받지 못한 세상이 우리로부터 얼마나 복음을 듣고 있는가가 되어야 한다.

요나
: 주저하는 선교사

요약하기

요나의 죄된 태도와 동기에 관한 가르침을 통해, 하나님이 사역으로 부르실 때 그리스도인이 불순종하고 불성실한 것의 결과를 보여준다.

생각하기

1. 요나 이야기는 그리스도인에게 오는 환난이나 고통은 단지 자신의 죄때문이라는 이론을 증명하는가 또는 그렇지 않은가?
2. 자유주의자들, 낙태 찬성자들, 극단적인 환경주의자들, 또는 동성연애 옹호자들(소위 동성연애권익보호운동가들)과 같은 사람들에 대해 당신이 가장 자주 표현하는 의견은 무엇인가? 당신은 그들 중 어떤 사람들은 구원받을 수 있다고 생각해본 적이 있는가?

대답하기

1. 구약 선지자들이 하는 사역의 두 가지 면은 무엇인가?
2. 초기에 요나의 부정적인 예로 우리가 배울 수 있는 교훈은 무엇인가?
3. 유명한 선지자로 요나가 섬겼을 수 있는 사람은 누구인가(왕하 6:1~7)?
4. 니느웨의 외형적인 특징과 그곳 백성들의 영적 특징은 무엇이었는가?
5. 하나님께서 요나를 통해 꾸짖으시는 이스라엘의 죄악된 태도는 무엇이었는가?
6. 하나님의 첫 번째 선교 사명에 대해 요나가 심히 눈에 띄게 불순종한 반응을 보인 이유를 제시하라.
7. 요나의 초기 반항의 배후에 깔린 이유는 무엇이었는가?
8. 요나가 다른 방향으로 도망간 것은 하나님의 임재와 우리의 유용성에

대해 무엇을 가르치는가?

9. 요나서 1장 4~16절에서 자연재해에 대한 죄의 관계에 대해 무엇을 제시하고 있는가?

10. 폭풍 후에 하나님께서 이방인 사공들에게 어떻게 사역하셨는가? 그때 요나는 왜 소용없었는가?

11. 요나가 물고기 뱃속에서 회개했을 때 배운 두 가지 교훈은 무엇인가?

12. 요나가 순종하여 니느웨에서 설교한 결과로 무슨 일이 일어났는가? 어떻게 이 사건을 이후의 구속사에서 일어난 사건들과 유사한 것으로 볼 수 있는가?

13. 요나에게 주신 마지막 교훈은 무엇이었는가?

기도하기

종교적, 인종적으로 교만한 태도로부터 당신의 마음을 지켜주시도록 기도하라. 때로 하나님을 섬길 수 있는 두 번째 기회를 주시는 그분의 은혜, 자비와 용서의 마음으로 인해 감사하라.

진리 적용하기

시편 139편을 주의 깊게 읽고 묵상하라. 그리고 하나님의 전지전능하심과 그리스도인에 대해 상세히 알고 계시는 것을 묘사한 다양한 방식에 대해 저어보라.

MARY
: A Faithful Worshiper of God

7장

마리아: 신실하게 예배한 자

세상사나 종교사 모두 마리아를 주 예수의 지상 어머니로 신비롭게 묘사하는 경향이 있다. 화가들은 그녀의 머리 주위에 후광을 넣기도 하고 그녀의 얼굴 표정을 신비롭게 표현하기도 한다. 물론, 수세기 동안 로마 가톨릭 교회에서는 그녀를 실제보다 더 거창하게 표현해왔다. 완벽한 성모 마리아, 죄 없는 일생의 동정녀, 몸이 하늘로 들려 올라가진 공동구속자(coredemptrix), 하늘에서는 "하늘의 여왕"의 관을 쓰고 중재자와 중보자의 중요한 역할이 주어졌다(그리스도의 역할과 같다).

광범위하게 마리아에 대해 초인간적으로 묘사된 것들은 성경에 기초하고 있는 것은 아니다. 사실, 그녀는 노동자 계급의 가정에서 자란 평범한 젊은 여인이었다. 그녀는 오히려 내세울 것이 없는 여인이었다. 그러나 그녀의 믿음은 순전하고, 어린아이 같고, 예배하는 믿음으로 하나님의 말씀을 의심 없이 기쁘게 받아들인 뛰어나고 훌륭한 모델이다. 마리아의 믿음의 예는 오늘날 교회에서의 말씀 중심적인 예배를 피상적이고 인간 중심적인 방식의 예배로 바꾸어 예배의 바른 태도, 대상, 이유를 상실해가고 있는 그리스도인들에게 귀감이 되고 있다. 마리아의 삶을 간단히 살펴볼 때, 그녀는 세 가지 중요한 예배 요소를 모두 갖추고 있었다.

성경에서는 마리아의 배경에 대한 설명이 거의 없다. 마태복음 27장 56절, 마가복음 15장 40절, 요한복음 19장 25절을 비교해보면, 그녀에게는 세베대의 아들들인 야고보와 요한의 어머니인 살로메라는 자매가 있었다는 결론을 내릴 수 있다.

그리고 우리가 확실히 아는 바와 같이 마리아는 세례 요한의 어머니인 엘리사벳의 친척이었다(눅 1:36). 누가복음 3장 23절에서 가계도를 보면 마리아의 시아버지는 엘리였다. 반면 우리가 아는 것은 그녀가 나사렛에서 가난하지만 열심히 일하는 가족의 딸로서 인생의 전반부를 보냈다는 것이 전부이다.

영원히 변한 마리아의 인생

마리아가 온전히 삶을 변화시키는 하나님과의 경험을 한 때는 10대 후반이나 20대 초반이었을 것이다. 〈누가복음〉에서는 마리아를 소개하며 그녀에게 무슨 일이 일어났는지를 묘사하고 있다.

여섯째 달에 천사 가브리엘이 하나님의 보내심을 받아 갈릴리 나사 렛이란 동네에 가서 다윗의 자손 요셉이라 하는 사람과 약혼한 처녀에게 이르니 그 처녀의 이름은 마리아라 그에게 들어가 이르되 은혜를 받은 자여 평안할지어다 주께서 너와 함께 하시도다 하니 처녀가 그 말을 듣고 놀라 이런 인사가 어찌함인가 생각하매 사가 이르되 마리아여 무서워하지 말라 네가 하나님께 은혜를 입었느니라 보라 네가 잉태하여 아들을 낳으리니 그 이름을 예수라 하라 그가 큰 자가 되고 지극히 높으신 이의 아들이라 일컬어질 것이요 주 하나님께서 그 조상 다윗의 왕위를 그에게 주시리니 영원히 야곱의 집을 왕으로 다스리실 것이며 그 나라가 무궁하리라 마리아가 천사에게 말하되 나는 남자를 알지 못하니 어찌 이 일이 있으리이까 천사가 대답하여 이르되 성령이 네게 임하시고 지극히 높으신 이의 능력이 너를 덮으시리니 이러므로 나실 바 거룩한 이는 하나님의 아들이라 일컬어지리라

보라 네 친족 엘리사벳도 늙어서 아들을 배었느니라 본래 임신하지 못한다고 알려진 이가 이미 여섯 달이 되었나니 대저 하나님의 모든 말씀은 능하지 못하심이 없느니라 마리아가 이르되 주의 여종이오니 말씀대로 내게 이루어지이다 하매 천사가 떠나가니라(눅 1:26~38).

이 말씀에서 모든 요소 — 천사, 성령님, 예언적 발언, 마리아의 태중에 하나님의 아들을 임신한 것과 엘리사벳의 경이로운 임신 — 은 비범하고 초자연적인 일이 벌어지고 있었음을 나타낸다. 더욱이 헬라어 사용에 기반을 둔 이 내용은(그 단어가 다른 말로 번역될 수 없는 것이다), 마리아가 "처녀"였고, 성적으로 순결했음을 분명히 명시하고 있다.

마리아의 초자연적인 임신은 현지의 목수였던 요셉과 그녀와의 키두신(kiddushin, 정혼 기간)에 시작되었다. 그 사회에서 정혼은 결혼처럼 법적으로 예속되었다(이는 오늘날 서양 문화에서의 관습과는 다르다). 12개월의 키두신 동안, 남자와 여자는 심지어 남편과 아내로 불렸다. 그들이 각자의 집에서 살고 성적인 관계가 없음에도 불구하고 말이다. 이 기간은 두 사람의 정절을 증명하기 위한 의도된 것으로, 만일 이 기간 내에 어느 쪽이라도 순결하지 못함이 드러나면, 언제라도 그 계약은 파기되고 부정함으로 이혼이 가능했다.

이와 같은 상황에서 마태복음 1장 19절의 말씀이 나온다. "그의 남편 요셉은 의로운 사람이라 그를 드러내지 아니하고 가만히 끊고자 하여." 마리아의 상황에 대한 소식은 말할 것도 없이 요셉의 마음을 심히 흔들어 놓았다. 왜냐하면 그는 마리아의 혼전 임신이 그녀의 의로운 성품에 전혀 맞지 않는다는 것을 알았기 때문이다. 그러나 요셉이 얼마나 당황하고 근심했는지 상관없이, 그는 최소한 마리아가 신명기 22장 20~21절에 명시된 것처럼 처형당하도록 하지 않았다. 그러나 그는 여전히 그녀와의 이혼과 처형 둘 중 하나를 선택을 해야 했다. 요셉은 마리아가 동네의 모든 사람 앞에서 공개적으로 간음의 심판을 받아 유죄로 입증되어 수치와 수모를 당하게 할 수도 있었고, 두세 증인 앞에서 조용히 이혼 증서를 작성하여 그녀가 다른 곳으로 가서 비밀리에 아이를 낳아 키울 수 있도록 할 수도 있었다.

그러나 요셉은 마리아를 사랑했기 때문에 더 고통스러운 첫 번째 것보다는 두 번째 것을 택하기로 결정했다. 그리고 나서 또 다른 천사로 온 하나님의 영이 개입하여 마리아의 임신에 대해 진위를 확인해 주고 어떠한 이혼행위도 불필요하게 만들었다(마 1:20~21). 이때 마리아는 요셉에게서 보여질 두 가지 중 하나의 행동을 예상했었고 가브리엘 천사의 말의 지혜를 의심할 수도 있었다. 그러나 그녀는 하나님의 계획에 대해 처음에 보인 순종적인 믿음과 반응에 대한 진실성이 입증되었다. "주의 여종이오니 말씀대로 내게 이루어지이다"(눅 1:38). 마리아는 예수 탄생의 소식에 대해 이보다 더 거룩한 반응은 보일 수 없었을 것이다. 이는 그녀가 성숙한 믿음을 가진 젊은 여인이었고 참 하나님의 예배자였음을 증명한다.

마리아의 예배 반응 : 찬가

누가복음 1장 38절에서 천사의 소식에 대한 마리아의 겸손하고 순종적인 반응은 시작일 뿐이었다. 그녀는 자신이 주님을 낳을 것에 대해 확신하였을 뿐 아니라(그 사실은 그녀의 사촌인 엘리사벳으로 인해 확인되었다; 눅 1:40~45), 바로 그 주님으로 인해 구원받을 것에 대한 찬양으로 가득했다(눅 1:31~33절 참조).

그러고 나서 마리아는, "성육신의 찬송"이라 부르기를 즐겨하고, 일반적으로 찬가로 알려진 것을 시작하였다. 이는 말할 수 없는 기쁨의 찬송이고, 구약에서 영감받은 어떤 시편과도 동일한, 신약에서 가장 뛰어난 예배의 시편이고, 사무엘의 탄생에 대한 한나의 찬양(삼상 2:1~10)에서 본 것을 기억나게 하는 것이다. 누가복음 1장 46~55절에서는 마리아의 고양된 말들을 기록한다.

내 영혼이 주를 찬양하며 내 마음이 하나님 내 구주를 기뻐하였음은 그의 여종의 비천함을 돌보셨음이라 보라 이제 후로는 만세에 나를 복이 있다 일컬으리로다 능하신 이가 큰 일을 내게 행하셨으니 그 이름이 거룩하시며 긍휼하심이 두려워하는 자에게 대대로 이르는도다 그의 팔로 힘을 보이사 마음의 생각이 교만한 자들을 흩으셨고 권세 있는 자를 그 위에서 내리치셨으며 비천한 자를 높이셨고 주리는 자를 좋은 것으로 배불리셨으며 부자는 빈손으로 보내셨도다 그 종 이스라엘을 도우사 긍휼히 여기시고 기억하시되 우리 조상에게 말씀하신 것과 같이 아브라함과 그 자손에게 영원히 하시리로다 하니라.

마리아의 찬양은 예배의 세 가지 기본 요소인 예배의 태도, 예배의 대상, 예배의 이유를 포함하고 있어서 우리에게 교훈적이다.

예배의 태도

마리아는 무엇보다도 예배에 적합한 태도가 내적(internal)이라는 것을 묘사한다. 그녀는 누가복음 1장 46~47절에서 "내 영혼이 주를 찬양하며 내 마음이 하나님 내 구주를 기뻐하였음은"이라고 말하였다. '영혼(soul)'과 '마음(spirit)'이라는 용어는 모두 한 사람의 내적 상태를 지칭한다. 이는 지, 정, 의 — 모든 도덕적 추진력과 인간 마음의 감정들 — 를 말한다. 그녀가 그러한 단어들을 사용한 것은 우리의 예배가 인상적인 성당 건축이나 스테인드글라스로 된 유리에 압도되는 것, 웅장한 오르간이나 피아노 음악을 듣는 것, 성가대의 성가나 목사의 설교를 듣는 것, 성경을 들고 다니거나 읽는 것, 기도할 때 머리를 숙이는 것, 심지어 성찬식에 참여하는 것 훨씬 이상의 것임을 상기시켜준다. 그러한 것들이 있을 때 진정한 예배가 일어날 수도 있지만, 이것들은 외적인 것이다. 참된 예배는 우리의 속사람의 모든 요소가 함께 찬양의 최고조에 어우러져 일어나고, 감사의 생각과 주께 드리는 말에서 드러난다.

마리아는 이사야가 경고한 위선자의 죄책감을 느끼지 않았다. "이 백성이 입으로는 나를 가까이 하며 입술로는 나를 공경하나 그들의 마음은 내게서 멀리 떠났나니 그들이 나를 경외함은 사람의 계명으로 가르침을 받았을 뿐이라"(사 29:13). 오히려 그녀는 즉흥적이지만 마음으로부터 우러난 진정한 예배를 드렸다. 이는 하나님의 사람에 대한 사실과 경이감에 완전히 사로잡혀 외적인 모든 능력을 동원하여 기쁘게 표현할 수밖에 없었다.

마리아는 또한 진정한 예배는 격정적인(intense) 것임을 증명한다. "내 영혼이 주를 찬양하며(높이며 — 역주)"라는 감탄은 그녀의 모든 격정(激情)이 다 드러나고 있었음을 표시한다. '높이며(exalt)'라고 번역된 헬라어의 '메갈뤼네(megalunei)'라는 말은 '부풀거나 자라는 원인'이란 뜻으로, 이는 때로 '확대하다(magnify, KJV)'로도 번역된다. 이 훌륭한 번역은 아주 작은 사물을 돋보기를 통해 보면 훨씬 크게 보이는 것을 나타내는 것이다. '메가(mega)'라는 접두사는 무언가가 확장되거나, 크기나 소리가 아주 커지는 상태가 극에 달한 것을 의미한다. 마리아가 주님을 찬양했을 때, 그녀는 하나님을 높였고, 극찬했고, 영화롭게 하면서 목소리 높여 그분의 이름을 불렀다.

마리아의 예배 태도는 얄팍하거나 표면적인 것이 아니었고, 이 사실은 누가복음 1장 47절에서 더 강조된다. "내 마음이 하나님 내 구주를 기뻐하였음은." 그녀는 단지 순하고 절제된 방식으로 하나님에 대한 좋은 생각들을 말하고 있는 것이 아니었다. 오히려 마리아는 기쁨에 가득 찬 마음에서 거침없이 강렬한 찬양이 터져 나왔다. '기뻐하였음(has rejoiced)'이라는 말의 어원인 '아갈리아슨(agalliasen)'은 격정의 또 다른 용어로 '큰 소리의', '엄청난', '부풀어 오른 기쁨'을 말한다. 이는 베드로전서 1장 8절에서 사용된 "말할 수 없는 영광스러운 즐거움으로 기뻐하니"와 같은 어원이다. 마리아는 이후에 예수께서 예배에 대해 가르치실 때 진정한 예가 되었다. "하나님은 영이시니 예배하는 자가 영과 진리로 예배할지니라"(요 4:24).

마리아의 격정적인 예배에 대한 마음의 태도가 습관적이었다는 것 또한 주목할 만하다. "찬양하며"(눅 1:46)라는 동사는 현재시제로, 지속적인 행동을 의미한다. 진실한 예배가 일상생활의 일부가 되었던 마리아의 태도는 사도 바울이 빌립보서 1장 20절에 표현한 것과 맥을 같이 한다. "지금도 전과 같이 온전히 담대하여 살든지 죽든지 내 몸에서 그리스도가 존귀하게 되게 하려 하나니." 우리 삶의 환경이나 사건들이 무엇이든지 상관없이 우리는 매일 하나님을 예배하기로 헌신해야 한다.

마지막으로 마리아는 겸손함만이 진정한 예배를 표현할 수 있다는 진리에 대한 훌륭한 예가 된다. 우리 중 많은 사람은 하나님보다는 우리 자신에 더 집중하기 때문에 예배드리는 방식에 교만함이 자리잡고 있다. 그러나 마리아의 찬양의 노래에서 그녀는 자신이 아닌 하나님께 집중하였다. 그리고 그녀가 자신을 바라본 것은 자신이 아무 것도 아님을 인정할 때 뿐이었다. "그의 여종의 비천함을 돌보셨음이라"(눅 1:48).

마리아는 자신의 비천함, 낮음, 영적인 무가치함을 인정하였다. 이는 그녀가 불경건했거나 의롭지 못한 여인이었다는 뜻이 아니다. 그녀는 단지 영성의 가장 진실한 형태를 표현하고 있는 것이었고, 이로 인해 의로움을 자신에게서 나온 것으로 여기지 않은 것이었다. 만일 마리아가 모든 여인 중에서 가장 은총을 입고, 축복받고, 높임을 받았다면, 누가복음 14장 11절에서처럼, 그녀는 실제로 여인들 중 가장 겸손한 자여야만 했다. "자기를 낮추는 자는 높아지리라."

예배의 대상

마리아의 찬양과 예배의 대상은 분명하다. "마리아가 이르되 내 영혼이 주를 찬양하며 내 마음이 하나님 내 구주를 기뻐하였음은 … 능하신 이가 큰 일을 내게 행하셨으니 그 이름이 거룩하시며"(눅 1:46~47, 49). 마리아는 하나님이 예배의 유일한 참된 대상이신 것을 알았기 때문에 그분을 예배하였다. "네 하나님 여호와를 경외하며 그를 섬기며 그의 이름으로 맹세할 것이니라"(신 6:13, 10:20; 마 4:10; 눅 4:8 참조). 그러나 여기에서 중요한 것은, 마리아가 하나님을 예배한 이유는 그분이 그녀의 죄를 구속하기로 약속하신 구주였기 때문이다. 사실, 마리아가 드렸던 것과 같은 격정과 기쁨의 예배는 항상 구원과 관계된 것이었고, 후에 스가랴, 시므온, 안나가 증명하는 것과 같다.

찬송하리로다 주 이스라엘의 하나님이여 그 백성을 돌보사 속량하시며 우리를 위하여 구원의 뿔을 그 종 다윗의 집에 일으키셨으니(눅 1:68~69).

내 눈이 주의 구원을 보았사오니 이는 만민 앞에 예비하신 것이요(눅 2:30~31).

마침 이때에 나아와서 하나님께 감사하고 예루살렘의 속량을 바라는 모든 사람에게 그에 대하여 말하니라(눅 2:38).

역사적으로, 로마 가톨릭 주석가들은 마리아에게 죄가 없었으나 그녀가 하나님을 구주라고 부른 것은 자신을 비천한 자리에서 하늘의 여왕으로 높였다는 맥락에서 그렇게 부른 것뿐이라고 주장함으로, 누가복음 1장 47절의 말씀을 회피하려는 노력을 해왔다. 그러나 이는 왜곡되고 잘못된 해석이다. 마태복음 1장 21절에서 천사들이 요셉에게 한 말은 마리아가 말하고 있는 구원이 어떤 것인지를 명확하게 해준다. "아들을 낳으리니 이름을 예수라 하라 이는 그가 자기 백성을 그들의 죄에서 구원할 자이심이라."

몇 년 후 예수님은 자신을 따르는 무리에게 말씀하셨다. "누가 내 어머니이며 동생들이냐 하시고 둘러 앉은 자들을 보시며 이르시되 내 어머니와 내 동생들을 보라 누구든지 하나님의 뜻대로 행하는 자가 내 형제요 자매요 어머니이니라"(막 3:33~35). 무리가 이 땅의 가족이 예수님을 찾고 있다고 말했음에도 불구하고, 예수님은 하던 일을 멈추며 특별한 관심을 기울이지 않으셨다. 오히려 그분은 삶에서 가장 중요한 것은 구원받는 것과 하나님께 순종하는 것이라고 지적하셨다. 그러므로 마리아는 다른 사람들과 다를 바 없었다. 그래서 그녀는 자신이 임신하게 될 하나님의 아들이 그녀의 죄에서 구원해줄 것을 알게 되었을 때, 하나님을 믿는 모든 사람과 함께 열정적으로 기뻐할 수 있었던 것이다.

예배의 이유

마리아가 열정적으로, 하나님의 구원 진리를 찬양하고 경배한 데는 세 가지 동기가 있었다. 첫째로, 마리아는 하나님이 그녀에게 행하시고 계셨던 것을 깨달았다. "그의 여종의 비천함을 돌보셨음이라 보라 이제 후로는 만세에 나를 복이 있다 일컬으리로다 능하신 이가 큰 일을 내게 행하셨으니 그 이름이 거룩하시며"(눅 1:48~49). 마리아는 온전히 거룩하신 하나님께서 자신처럼 거룩하지 못하고 가치 없는 자에게 그러한 위대한 일을 행하실 것에 대해 놀랐다. 그녀는 자신의 위대함에 대해 전혀 언급하지 않고 하나님의 위대함에 대해서만 언급하였다. "만세에 나를 복이 있다 일컬으리라"는 구절을 생각해 보라. 마리아는 모든 사람이 그녀의 초월함을 칭송할 것이라고 말하고 있지 않았다. 오히려 그녀는 모든 사람이 하나님께서 그녀를 얼마나 축복하셨는지를 기억할 것이라고 말하고 있었다.

그리고서 마리아는 하나님께서 다른 사람들을 위해 행하실 것이라 믿고 연이어 찬양드렸다. "궁휼하심이 두려워하는 자에게 대대로 이르는도다"(눅 1:50). 그녀는 하나님이 구원의 자비하심으로 축복하실 자가 자신만이 아니라는 사실을 표현하기 위해 시편 103장 17절(창 17:7; 출 20:6, 34:6~7 참조)을 바꾸어 사용하였다. 그분의 거룩하심에 대해 진실한 경외함과 경의를 가지고 오는 자는 그분의 친절한 사랑을 받을 것이다. "여호와를 경외하며 그의 계명을 크게 즐거워하는 자는 복이 있도다"(시 112:1). 마리아는 단지 앞으로 올 세대에서 주님을 경외하는 진실한 신자들을 묘사하고 있는 것이다.

마리아가 전심으로 하나님을 예배했던 세 번째 이유는, 그분이 이전에 행하신 것 때문이었다. "그의 팔로 힘을 보이사 마음의 생각이 교만한 자들을 흩으셨고 권세 있는 자를 그 위에서 내리치셨으며 비천한 자를 높이셨고 주리는 자를 좋은 것으로 배불리셨으며 부자는 빈손으로 보내셨도다 그 종 이스라엘을 도우사 궁휼히 여기시고 기억하시되 우리 조상에게 말씀하신 것과 같이 아브라함과 그 자손에게 영원히 하시리로다 하니라"(눅 1:51~55). 마리아는 전형적인 유대인의 예배 형식으로 하나님이 이전에 백성들에게 보이셨던 신실함을 진술하였다(출 15장, 삿 5장, 시 68장, 78장, 104장, 105장, 114장, 135장,

145장, 합 3장 참고). 그리고 하나님께서 주권적인 지혜로 세상적인 사회 질서를 계속 뒤엎으시는 것에 대해 지극히 감사했다. 교만함, 자부심, 물질주의에서 사는 세상 사람들은 세기를 막론하고 결국은 낮아졌다. 그러나 심령이 온유하고 가난한 사람들과(마 5:3~5) 회개와 믿음으로 하나님을 구하는 사람들은 모두 높임을 받았다.

마리아가 하나님의 구원 행위를 보았던 것은 그리스도인인 우리가 그분을 예배해야만 하는 분명한 이유가 된다. 하나님이 무엇을 하고 계신지 이해할 수 없거나 무엇을 하실지 예측할 수 없을 때가 많이 있다. 그러나 우리는 항상 하나님께서 우리를 위해 그리고 다른 사람들을 위해 행하셨던 것을 돌아볼 수 있다. 마리아는 하나님께서 현재에 행하시는 것이 의로우신 것이라는 것에 대해 큰 확신을 가졌고, 그분의 미래의 계획에 대한 지혜를 신뢰하였다. 이는 하나님께서 이전에 행하셨던 것에 대한 신실하고 지속적인 기록에 기초하였다.

마리아는 성령의 능력으로 하나님의 아들인 메시아를 이 땅에 오시도록 하는 데 돕게 될 것이라는 놀라운 소식에 대해 전적으로 반응했기 때문에 우리에게 좋은 예가 된다. 그녀의 말과 행동은 질문, 의심, 두려움이나 염려함 없이, 천사가 그녀에게 말한 것이 진리이고 하나님의 은혜로운 계획의 일부라는 것에 대한 확신을 가지고 순종하기만 한 뛰어난 믿음을 시사한다.

마리아
: 신실하게 예배한 자

요약하기

현대 교회가 대부분 성경적 예배를 그만 둔 것에 비해 마리아는 예수의 어머니로 신실하고, 의심하지 않는 예배의 믿음을 보인 모델이다.

생각하기

1. 당신의 교회의 예배가 얼마나 성경적이라고 느끼는가? 그 예배에서 당신이 가장 좋아하는 면은 무엇이고, 어떤 면을 바꾸겠는가?
2. 당신은 자신을 기본적으로 감사하는 사람이라고 여기는가? 당신이 개인적으로 감사하는 주요 요소는 무엇인가? 감사하는 데 가장 방해가 되는 것이 무엇이라 생각하는가?

대답하기

1. 로마 가톨릭에서 마리아 초상의 필수 요소는 무엇인가?
2. 마리아의 배경에 대해 알아야 할 중요한 사실은 무엇인가?
3. 누가복음 1장 26~28절에서 마리아의 경험에서 특이한 점이 무엇이라고 말하는가?
4. 키두신(Kiddushin)의 정의와 중요성은 무엇인가?
5. 마리아가 천사의 복된 소식에 대해 왜 의심했을 수 있는가(마 1:19)?
6. 마리아의 진정한 예배의 태도 네 가지는 무엇인가?
7. 마리아의 예배 대상은 무엇이고, 왜 그것을 고백하기를 열망했는가?
8. 마리아가 주님을 열정적으로 예배한 세 가지 이유는 무엇인가?
9. 우리가 마리아의 모든 말을 볼 때, 전혀 자신을 높이려 하지 않았다는 것을 어떻게 알 수 있는가(눅 1:48~49)?

기도하기

마리아가 구주의 어머니가 되는 것에 대해 신실함과 순종함을 보인 것을 감사하라. 교회가 항상 신령과 진정으로 예배하여 하나님을 공경하도록 기도하라. 만일 교회에서 예배의 어떤 면이 성경적이지 않다면, 그것들에 대해 구체적으로 기도하라.

진리 적용하기

음악과 노래는 좋은 예배에서 중요한 부분이다. 찬송가의 찬양을 부르는 시간을 갖도록 하라. 그리고 경배하는 내용이 담긴 찬양의 가사를 묵상하라. 진정으로 신령한 예배를 드리도록 격려하는 찬양의 목록을 적어보라. 특히 익숙하지 않은 찬양에 집중해보라.

JOHN THE BAPTIST
:The Greatest Man

8장

세례 요한: 가장 위대한 사람

몇 년 전 한 젊은이가 나에게 물었다. "사람을 위대하게 만드는 것은 무엇입니까?" 나는 그에게 무어라 대답해야 할지 정확히 몰랐다. 그래서 그 질문에 대해 생각해보기 시작했다. 많은 사람은 유명하고 부유하거나, 영향력 있는 가정에서 태어나야지만 위대한 사람이 될 것이라고 믿는다. 또 어떤 사람은 부를 획득하는 것이 위대한 사람이라고 믿는다. 또 어떤 사람은 학위, 사업 수완, 운동 능력, 예술적 재능, 또는 높은 정치적 지위 등이 위대한 사람을 판단하는 잣대가 된다고 본다

이러한 기준에 기초해본다면, 예수님은 위대하지 않으셨다. 왜냐하면 예수님은 아버지가 목수인 평범한 가정에서 태어났기 때문이다. 그분은 직업도 없었고, 소나 양 떼도 가지고 있지 않으셨고, 집도,

심지어 텐트도 없었다. 예수께서 말씀하시기를 "여우도 굴이 있고 공중의 새도 거처가 있으되 인자는 머리 둘 곳이 없다"고 하셨다(마 8:20). 그분은 어떠한 공식 교육도 받지 않으셨다. 그리고 확실히 정치적 지위를 추구하지 않으셨고, 어떠한 예술적 성취를 갈망하지도 않으셨다. 예수께서는 세상이 위대하다고 여기는 것들을 거의 드러내지 않으셨다.

세례 요한도 마찬가지였다. 그는 예수님처럼 평범하고 잘 알려지지 않은 가정에서 태어났다. 그의 아버지 사가랴는 성전에서 순번대로 섬기는 많은 제사장 중 한 명이었다. 그의 어머니 엘리사벳은 제사장직을 맡은 레위 족속 출신이었고 아론의 자손이었다(눅 1:5). 그러나 아론의 자손은 많았고, 그들은 특별한 사회적 지위를 갖고 있지 않았다. 요한은 10대가 되었을 때 수행자처럼 살기 위해 유대의 광야로 갔다. 그것은 모든 사회적 명성과 경제적 지위와 안락함을 포기한다는 것과 같았다.

그러나 요한은 위대한 사람이 되도록 예정되어 있었다. 요한의 부모는 "하나님 앞에 의인이니 주의 모든 계명과 규례대로 흠이 없이 행하였다." 그러나 그들에게는 자식이 없었고 엘리사벳은 일반적으로 아이를 임신할 수 있는 나이가 지났다(눅 1:6~7). 어느 날 사가랴가 성전에서 섬기고 있었는데, "주의 사자가 그에게 나타나 향단 우편에

섰다"(눅 1:11). 그 천사가 이렇게 말하였다. "사가랴여 무서워하지 말라 너의 간구함이 들린지라 네 아내 엘리사벳이 네게 아들을 낳아 주리니 그 이름을 요한이라 하라 너도 기뻐하고 즐거워할 것이요 많은 사람도 그의 태어남을 기뻐하리니 이는 그가 주 앞에 큰 자가 되며 포도주나 독한 술을 마시지 아니하며 모태로부터 성령의 충만함을 받아"(눅 1:13~15). 그러므로 하나님은 요한이라는 이름을 주셨고 그가 수태(受胎)되기도 전에 위대한 자로 구분해놓으셨다.

요한은 "모태로부터 성령의 충만함을 받아 이스라엘 자손을 주 곧 그들의 하나님께로 많이 돌아오게" 할 것이었다(눅 1:15~16). 그러나 그의 가장 중요한 임무는 "엘리야의 심령과 능력으로 주 앞에 먼저 와서 아버지의 마음을 자식에게, 거스르는 자를 의인의 슬기에 돌아오게 하고 주를 위하여 세운 백성을 준비하리라"(눅 1:17)는 것이었다. 요한의 아버지가 "성령의 충만함을 받아" 예언하기를 요한이 "지극히 높으신 이의 선지자라 일컬음을 받고 주 앞에 앞서 가서 그 길을 준비"할 것이라고 하였다(눅 1:67, 76). "아이가 자라며 심령이 강하여지며 이스라엘에게 나타나는 날까지 빈 들에 있으니라"(눅 1:80).

그가 요한이었고, 그의 수태는 기적이었다. 요한은 태어나기 전에 이미 성령으로 충만하였고, 하나님 앞에서 위대한 자가 되었다. 그리고 예수님의 오심을 사람들에게 알리고 준비시킬 메시아의 선구자로 예정되었다. 그래서 예수께서 이렇게 말한 것은 아주 적합하다. "내가 진실로 너희에게 말하노니 여자가 낳은 자 중에 세례 요한보다 큰 이가 일어남이 없도다"(마 11:11). 예수님은 진실성을 강조하기 위해서 "진실로"라는 말을 사용하셨다. 이는 강한 긍정의 용어로 "아멘"이라는 말로 번역되기도 하였다.

"여자가 낳은"이라는 것은 고전적 표현에서 흔히 사용되는 것으로 한 사람의 인성(humanness)을 언급할 때 사용되었다(욥 14:1, 15:14 참고). 따라서 예수께서 인류를 돌아볼 때, 어느 누구도 세례 요한보다 위대한 사람이 없다는 것이다. 이는 요한이 노아, 아브라함, 이삭, 야곱, 요셉보다도 위대하다는 것이다. 그는 모세, 엘리야, 다윗, 또는 구약의 어느 선지자보다도 위대한 사람이었다. 또한 세상의 왕, 황제, 철학자, 군대 장관보다도 더 위대한 사람이었다. 따라서 요한은 예수님을 제외하고 가장 위대한 사람이었다.

그러나 예수님은 사람들이 요한의 위대함을 오해했다고 지적하셨다. "그러나 천국에서는 극히 작은 자라도 그보다 크니라"(마 11:11). 즉 예수님은 천국에서 극히 작은 자(영적인 세계에서 높임받음)도 "그 — 요한을 포함하여 — 보다 크니라"(인간 세계에서 높아진 역할)고 말씀하셨다.

예수께서 요한에 대해 그토록 강렬한 용어를 사용하신 이유가 무엇인가? 예수님은 마태복음 11장 7~14절에서 요한의 위대함을 보여주는 세 가지 특성을 설명하셨다.

요한의 개인적 특성

우리는 세상에서 위대함을 측정하는 데 사용되는 여러 가지 기준을 보았다. 그러나 위대한 사람에게는 강한 개인적 특성이 필요하다고 주장하는 사람도 있을 것이다. 그런 면에서 요한은 위대함을 보여주는 세 가지 결정적 특성을 가지고 있었다.

약점을 극복함

모든 사람은 문제를 갖고 있다. 그리고 그러한 어려움과 환경을 딛고 일어서는 데 힘들어한다. 그러나 위대한 사람은 평범한 사람과 달리 이를 극복해낸다. 위대한 사람은 장애에 굴복하지 않고 그것들과 싸워 이긴다. 세례 요한은 바로 이런 정신으로 예수님이 메시아라는 정체성에 대한 의구심을 물리쳤다. "요한이 옥에서 그리스도께서 하신 일을 듣고 제자들을 보내어 예수께 여짜오되 오실 그이가 당신이오니이까 우리가 다른 이를 기다리오리이까"(마 11:2~3).

요한은 어머니의 태중에서부터 성령으로 충만했고, 메시아를 알리고 예수님의 오심을 위해 이스라엘을 준비시키도록 하나님이 구별해놓은 사람이었다. 그는 예수께 세례를 베풀 때 성령께서 강림하시는 것을 보았고, 하나님 아버지께서 예수님을 사랑하는 아들이라 일컬으시는 것을 들었다. 요한은 예수님이 행하신 기적에 대해 많이 들어왔다. 그러나 그는, 자신이 메시아라고 선포해야 할 예수님에 대해 계속 의심을 가졌고, 그것은 그를 힘들게 했다. 결국 요한은 의심을 떨칠 수가 없어서, 그의 제자 중 두 명을 보내어 예수님을 찾아 진실을 확인하라고 하였다.

요한은 단지 예수님에 대한 진실을 알기 원했다. 자신의 사역과 인기를 유지하려는 질투심에서 한 행동이 아니었다. 다행히도 그는 겸손하고 기본적인 믿음이 있어서, 의심이 회의(懷疑)나 부인으로 자라지 않았다.

요한은 또한 자신보다 예수님의 인기가 더 올라가는 것을 분개하지 않았다. 그는 오히려 기대하고 있었다. "그는 흥하여야 하겠고 나는 쇠하여야 하리라"(요 3:30). 그는 예수님의 신들메를 풀기도 감당치 못하겠다고 공개적으로 고백했다. 그리고 예수께서 요한에게 세례를 받겠다고 하셨을 때, 그는 "내가 당신에게서 세례를 받아야 할 터인데 당신이 내게로 오시나이까"라고 대답했다(마 3:14).

교만한 사람은 진정으로 위대해질 수 없다. 따라서 세례 요한과 달리 자신의 개인적인 약점을 고백하고 극복하기를 거부하는 사람은 결국 시기와 위선을 이기지 못하고 평범한 사람으로 남게 된다.

확신이 강함

요한의 개인적 특성 중 두 번째는 강한 확신이었다. 많은 사람이 그를 거룩한 메시지를 전하는 "선지자"로 인식하고 충성스럽게 따랐기 때문에(마 14:5, 21:26), 예수님을 의심하는 요한을 보고 사람들은 혼란스러워했다. 그렇다면 그와 그의 메시지는 더 이상 믿을 만한 가치가 없는 것일까?

사람들의 혼란을 없애기 위해 예수님은 그들에게 물었다. "너희가 무엇을 보려고 광야에 나갔더냐 바람에 흔들리는 갈대냐"(마 11:7). 예수님은 그들의 경험을 돌아볼 때 요한의 말씀이 불확실하거나 흔들린 적이 있는지를 물으셨다. 요한이 그의 기준대로 말을 바꾸거나 타협한 적이 있었는가?

예수님은 요한이 세례를 주었던 요단강을 포함한 동쪽 강둑에서 자라는 갈대를 언급하셨다. 갈대는 가볍고 유연했기 때문에, 바람이 부는 대로 휘어졌다. 그러나 사람들은 요한이 어떠한 반대에도 자신의 결심을 굽히지 않는다는 것을 알았다. 요한은 서기관, 바리새인,

사두개인들에게 맞섰고, 심지어 그를 감옥에 가둔 헤롯 왕에게도 맞섰다.

요한에게는 권위자들에게 인정받을 수 있는 수많은 기회가 있었다. 많은 사람이 그가 메시아가 아닌가라고 생각할 만큼 요한은 능력 있고 위풍당당한 인물이었다(눅 3:15). 그는 자신의 확신과 타협하여 세례를 받으러 오는 위선적인 바리새인들과 사두개인들의 지지를 받을 수도 있었다. 그러나 그는 오히려 그들의 죄와 위선을 책망하였다. "독사의 자식들아 누가 너희를 가르쳐 임박한 진노를 피하라 하더냐 그러므로 회개에 합당한 열매를 맺고 속으로 아브라함이 우리 조상이라고 생각하지 말라 내가 너희에게 이르노니 하나님이 능히 이 돌들로도 아브라함의 자손이 되게 하시리라 이미 도끼가 나무 뿌리에 놓였으니 좋은 열매를 맺지 아니하는 나무마다 찍혀 불에 던져지리라"(마 3:7~10). 그는 연이어 예수님에 대해 말하였다. "손에 키를 들고 자기의 타작 마당을 정하게 하사 알곡은 모아 곳간에 들이고 쭉정이는 꺼지지 않는 불에 태우시리라"(마 3:12). 요한은 윌리엄 펜(William Penn, 영국의 신대륙 개척자, 펜실베이니아 주의 필라델피아를 건설 — 역주)처럼 "모든 사람이 반대한다 해도 옳은 것은 옳은 것이고, 모든 사람이 찬성한다 해도 그른 것은 그른 것이다"라는 것을 믿었다.

자신을 부인함

예수님은 무리에게 또 다른 질문으로 도전하셨다. "그러면 너희가 무엇을 보려고 나갔더냐 부드러운 옷 입은 사람이냐 부드러운 옷을 입은 사람들은 왕궁에 있느니라"(마 11:8). 예수님의 질문은 요한의 위대함의 세 번째 특성을 드러냈다. 이는 자기 부인이었다.

위대한 과학자는 때로 중요한 발명을 하기 위해 자신의 건강을 포기하기도 한다. 위대한 의학 연구원은 때로 수천 명의 목숨을 구하기 위해 치명적인 질병에 노출되는 위험을 감수하기도 한다. 위대한 화가와 음악가는 작품을 완벽하게 하느라 사회생활을 포기한다. 위대한 운동선수는 지속적으로 자신의 몸을 단련한다. 위대한 학자는 여가 활동과 사회생활을 희생하며 고립되어 연구한다. 그들이 자신을 부인함으로 많은 사람이 즐거움을 얻는다. 쉬운 길은 결코 성공의 길이 아니다.

요한의 삶 또한 결코 쉬운 삶이 아니었다. 그는 "낙타털 옷을 입고 허리에 가죽 띠를 띠고 음식은 메뚜기와 석청"(마 3:4)을 먹었다. 요한은 꽤나 당황할 만한 용모를 갖추고 있었다. 그는 하나님의 사자였지만 당시 다른 종교 지도자들처럼 생활하지도 않았다. 요한의 낙타털 옷과 가죽 띠는 실용적이고 내구성은 강했지만, 확실히 화려하거나 유행을 따른 것은 아니었다. 그러한 면에서 요한은 엘리야처럼 살았다(왕하 1:8). 그가 먹는 음식도 그의 옷처럼 스파르타식이었다. 메뚜기와 석청은 영양분은 있을지 모르나 그뿐이었다.

요한의 옷, 음식과 생활은, 자기만족을 추구하고 방자했던 이스라엘의 종교 지도자들인 서기관, 바리새인, 사두개인과 제사장들을 단호하게 책망하는 것이었다. 실제로 그는 자신을 상징적, 위선적이고 부패한 종교제도와 정치제도로부터 분리시켰다. 그는 하나님의 부르심에 사로잡혀 세상의 유혹에 매료되지 않았다. 사역에 대한 하나님의 부르심은 모든 개인적 흥미나 안락함을 완전히 무력화시켰다.

또한 요한의 자기 부인은, 지도자들의 안락함을 갈망하면서도 지도자들처럼 특권을 누릴 수 없었던 사람들을 향한 책망이었다. 그렇다고 사람들을 은둔자나 수도사가 되게 하려는 계획은 아니었다. 그의 생활 방식은 사람들이 세상적인 정욕과 쾌락으로 하나님의 뜻을 온전히 따르지 못하는 것을 극적으로 상기시켜주었다.

요한이 태어나기 전에 예언되었던 대로, 그는 평생 나실인의 서원을 지켰다. 천사는 사가랴에게 요한에 대해 전하였다. "그가 주 앞에 큰 자가 되며 포도주나 독한 술을 마시지 아니하며"(눅 1:15). 이는 독주를 마시지 않는 것과 함께 머리를 자르지 않고, 부정한 것은 어떤 것도 만지지 말라는 것이 포함되었다. 많은 유대인은 남자와 여자 모두 몇 달간이나 몇 년간 나실인의 서원을 지킨다(민 6:4~8). 그러나 오직 삼손(삿 13:7, 16:17), 사무엘(삼상 1:11), 그리고 세례 요한만 이 서원을 평생 지켰다. 요한이 평생 자발적으로 자기 부인을 한 것은 하나님께 헌신하는 궁극의 행동이었다.

요한의 특권받은 부르심

요한은 개인적인 특성만 위대했던 것이 아니라의 특권적인 부르심을 받은 사람이었다. 그리스도의 사역이 시작되기 전까지 세례 요한처럼 고귀하고 신성한 사명으로 부르심을 받은 자가 없었다.

마태복음 11장 9절에서 예수께서는 무리에게 세 번째 질문을 하셨다. "그러면 너희가 어찌하여 나갔더냐 선지자를 보기 위함이었더냐 옳다 내가 너희에게 이르노니." 예언의 임무는 모세로 시작하여 바벨론 포로 시대까지 지속되었다.

그러나 이스라엘에 다른 예언자가 나타나기까지 400년이 흘렀고, 그 후에 요한이 나타났다. 그렇지 않았다면 우리는 그를 구약 중의 마지막 선지자라 부를 수 있었을 것이다. 요한은 하나님께서 부르신 사람 중 가장 역동적이고, 분명하고, 직설적이고, 힘 있는 대언자였다. 선지자였던 그가 받은 부르심은 오실 메시아에 대해 알리고 그분의 오심을 선포하는 것이었다.

그 후 예수께서는 요한이 단지 선지자가 아니라, "선지자보다 나은 자"(마 11:9)라고 사람들에게 확실하게 해두셨다. 예수님은 말라기 3장 1절을 인용하여 말씀하셨다. "기록된 바 보라 내가 내 사자를 네 앞에 보내노니 그가 네 길을 네 앞에 준비하리라 하신 것이 이 사람에 대한 말씀이니라"(마 11:10). "네 앞에"라는 표현은 '앞서'라는 의미이다. 이는 하나님께서 요한을 메시아의 선구자가 되고 예수님의 오심에 대해 사람들을 준비시키기 위해 사자로 보내셨다는 뜻이다. 하나님께서 수천 년간 준비하시고 예언하신 후에, 요한은 메시아의 개인적인 선구자가 되는 부동(不同)의 특권을 부여받았다.

메시지

요한은 단순한 메시지를 선포함으로 메시아가 오시기 전에 사람들을 준비시켰다. 그 메시지는 한 마디 말로 쉽게 요약되었는데 "회개하라"(마 3:2; 행 13:24, 19:4 참조)는 말이었다. '회개하라'는 말의 헬라어는 '후회'나 '슬픔' 이상의 의미이다(히 12:17 참조). 이는 '돌아서다', '방향을 바꾸다', '생각과 뜻을 바꾸다'라는 의미이다. 그리고 단지 어떠한 변화를 말하는 것이 아니라, 항상 그른 것에서 옳은 것으로, 죄에서 의로운 것으로의 변화를 말하는 것이다. 회개는 죄에 대한 슬픔을 포함하지만, 슬픔이 의지나 행동을 변화시키는 것은 아니다. 바울은 "하나님의 뜻대로 하는 근심은 후회할 것이 없는 구원에 이르게 하는 회개를 이루는 것이요 세상 근심은 사망을 이루는 것이니라"(고후 7:10)고 했다. 요한의 회개에 대한 명령은 '회심하다'는 말로 번역될 수도 있다. 따라서 오실 메시아에 대해 준비하라는 요한의 메시지는 회개, 회심, 완전히 다른 삶에 대해 요구하는 것이었다.

이는 자신들이 하나님의 택함을 받은 백성이기 때문에 무조건적으로 하나님 나라에 들어갈 자격이 있고, 들어갈 것이라는 확신을 갖고 있었던 유대인들을 향한 호된 책망이었다. 요한은 "속으로 아브라함이 우리 조상이라고 생각하지 말라 내가 너희에게 이르노니 하나님이 능히 이 돌들[이방인들]로도 아브라함의 자손이 되게 하시리라"(마 3:9)고 하였다. 요한이 지적했던 것은 간단했다. "너희는 이방인들과 같은 처지에 있다. [죽은 자로, 생명 없는 자로, 돌처럼] 너희도 회개하고 죄에서 벗어나 의로워지지 않으면 하늘나라에 들어갈 자격이 없다." 회개하여 변화하지 않는다면 엄한 심판에 처하게 될 것이다. 그리고 예수님 또한 회개의 메시지를 전파하셨다(막 1:15; 마 4:17; 눅 5:32 참조).

동기

요한이 회개하라고 했던 이유는 "천국이 가까이 왔기"(마 3:2) 때문이다. 사람들은 천국이 가까이 왔기 때문에 회개하고 회심해야 했고, 하나님께서는 바로 이것을 요구하셨다. 회개하고 회심한 사람만이 하늘의 왕께 영광을 돌릴 수 있고 천국에 들어갈 수 있다.

사명

세례 요한의 사명은 오래전에 이사야 선지자가 설명했다. "광야에 외치는 자의 소리가 있어 이르되 너희는 주의 길을 준비하라 그가 오실 길을 곧게 하라"(마 3:3; 사 40: 3~4 참조)는 것이었다.

고대 전령관은 일반적으로 왕이 도착하기 전에 가서, 그가 오실 것과 그가 올 길을 예비하라는 것을 알렸다. 일꾼들은 길에 있는 바위와 돌을 치우고, 구멍을 메우고, 쓰레기를 안 보이게 치웠다. 그들이 길을 치우고 나면, 전령관은 모든 사람에게 왕이 오실 것을 선포하였다. 전령관의 임무는 요한이 위대한 왕이신 예수 그리스도를 위해 했던 사역과 같았다.

그러나 위대한 왕의 전령관으로서 요한은 문자 그대로 길에 있는 장애물만 깨끗하게 한 것이 아니라, 왕을 진정으로 예배하고 섬기지 못하도록 하는 마음의 장애물도 깨끗하게 하려 했다. 하나님의 길은 회개의 길로, 죄에서 의로움으로 돌아서게 하고, 구부러져 있는 도덕적, 영적 길을 곧게 펴게 하는 길이었다. "골짜기마다 돋우어지며 산마다, 언덕마다 낮아지며 고르지 아니한 곳이 평탄하게 되며 험한 곳이 평지가 될 것이요." 이사야는 연이어 말하였다. "여호와의 영광이 나타나고 모든 육체가 그것을 함께 보리라"(사 40:4~5).

요한이 유대 광야에서 했던 외침은, 사람들에게 회개하고 죄를 자백하고 구주가 필요하다는 고백을 하라고 명령한 것이었다. 요한은 사람들에게 그 당시 부패하고 죽은 종교제도에서 벗어나라고 하였다. 즉, 의식(儀式)주의, 세상적인 것, 위선, 표면적인 것에서 떠나라고 하였다. 요한은 그들에게 도시를 떠나 광야로 가라고 했다. 광야는 회개에 대해 진지하지 않다면 가지 않을 곳이다. 그러나 그들은 광야에서 종교 지도자들에게 방해받지 않고 듣고, 생각하고, 숙고할 수 있었다. 그렇게 황량한 곳에서 요한의 세상적인 위대함과 메시아의 뛰어난 위대함을 볼 수 있게 되었다.

사역

요한의 설교 효과는 극적이었다. "이때에 예루살렘과 온 유대와 요단강 사방에서 다 그에게 나아와 자기들의 죄를 자복하고 요단강에서 그에게 세례를 받더니"(마 3:5~6).

레위인들의 정결 예식은 손, 발, 머리를 반복하여 씻는 것으로 요한의 세례와는 완전히 다르기 때문에 유대인들이 세례를 받았다는 것은 중요하다. 이러한 정결 예식은 반복적인 죄에 대한 반복적인 정결을 의미했다.

그러나 요한의 세례는 일회적이었다. 유대인들이 행했던 단 한 번의 정결 예식은 이방인 개종자들을 위한 것이었고, 이는 그들이 유대교인이 되었음을 상징했다.

따라서 유대인이 요한의 세례를 받는다는 것은 실제로 하나님 나라에 들어가기를 원하는 외부인인 이방인과 같다는 것을 보여주었다. 자신을 하나님이 택한 백성으로, 아브라함의 자손이자 모세의 언약의 상속자로 여겨 한때는 교만했던 유대인들이, 유대교로 개종하는 이방인처럼 요한에게 세례를 받으러 왔다.

하지만 안타깝게도 요한을 따르던 많은 사람이 떠난 것을 보면, 그들이 했던 회개의 행위가 표면적이고 위선적이었음을 〈복음서〉의 일련의 사건들을 통해 알 수 있다. 그러나 유대인들을 향한 요한의 영향력은 엄청나고 잊을 수 없는 것이었다(행 19:1~7 참조).

정점에 달한 요한의 영향력

두드러진 특성을 가지고 특별한 부르심을 받은 사람은 자신의 위대함의 잠재성을 펼칠 수 있는 기회를 얻어야 한다. 하나님께서는 계획대로 역사의 적절한 시기에 세례 요한이 등장할 수 있게 기회를 주셨다. 이스라엘에는 400년간 선지자가 없었고, 요한은 예수께서 사역을 시작하시기 전, 구속사에서 가장 주목받을 수 있는 시기에 활동했다. 즉 구약사와 선지자의 절정의 시기였다.

그러나 요한의 메시지는 현실을 뒤엎어 놓았기에 갈등을 야기했다. 그는 회개를 촉구함으로 종교 지도자들과 헤롯 왕의 심기를 건드렸다. 그리고 그들의 반응은 때로 격해서 결국 요한을 잡아 옥에 가두고 처형하였다. 예수께서는 무리에게 말씀하실 때 그러한 사악한 반응을 입증하셨다. "세례 요한의 때부터 지금까지 천국은 침노를 당하나니 침노하는 자는 빼앗느니라"(마 11:12). 요한은 가는 곳마다 격한 반대에 부딪혔다.

'침노를 당한다'는 말로 번역된 헬라어 동사는 헬라인들이 읽을 때 수동태나 중간태가 될 수 있다. 이 문맥에서는 중간태가 가장 적합한데, 이는 무력이 적용되거나 힘으로 들어가는 것을 말한다. 따라서 이 구절은 이렇게 번역될 수 있다. "천국은 그 자체가 강경하게 계속 나아가고 있고, 사람들은 강제로 그곳으로 들어가고 있다." 세례 요한 안에 있는 이러한 면으로 천국은 이에 반하는 불경건한 제도를 뚫고 쉬지 않고 나아갔다. 주님을 따르는 데는 성실하고 지치지 않는 노력 이 필요하다.

하나님이 이전에 계시하신 모든 것은 세례 요한의 때에 절정에 달 한다. 예수께서 말씀하셨다. "모든 선지자와 율법이 예언한 것은 요 한까지니 만일 너희가 즐겨 받을진대 오리라 한 엘리야가 곧 이 사람 이니라"(마 11:13~14). 하나님은 마지막 구약 선지자를 통해 말씀하 셨다. "보라 여호와의 크고 두려운 날이 이르기 전에 내가 선지자 엘 리야를 너희에게 보내리니 그가 아버지의 마음을 자녀에게로 돌이 키게 하고 자녀들의 마음을 그들의 아버지에게로 돌이키게 하리라 돌이키지 아니하면 두렵건대 내가 와서 저주로 그 땅을 칠까 하노라 하시니라"(말 4:5~6).

그러나 요한은 자신이 대부분의 유대인이 기대했던, 또는 오늘 날 많은 유대인이 기대하는 엘리야가 아니라고 말했다(요 1:21). 그 러나 그는 천사가 사가랴에게 확인해준 것처럼, 말라기 선지자가 오 리라고 예언했던 엘리야 선지자였다. "그가 또 엘리야의 심령과 능 력으로 주 앞에 먼저 와서"(눅 1:17). 요한은 엘리야와 같았다 ─ 내 적으로는 "심령과 능력"이 있었고, 외적으로는 독립성과 비추종성

(nonconformity)이 있었다.

예수께서 마태복음 11장 14절에서 말씀하신 것은, 만일 유대인들이 요한의 메시지가 하나님께로부터 온 것과 예수님이 메시아라는 것을 믿는다면, 요한은 〈말라기〉에서 예언되었던 엘리야와 같은 역할을 한 것이다. 그러나 만일 그들이 요한의 메시지를 믿기 거부한다면, 또 다른 엘리야와 같은 선지자가 앞으로 올 것이었다. 왜냐하면 유대인들은 세례 요한이 오기로 예정된 진정한 엘리야임을 거절했기 때문에, 그들은 〈말라기〉를 통해 하나님께서 원래 의도하셨던 예언이 온전히 성취되지 못하게 했다. 또 다른 엘리야와 같은 선지자는 예수께서 재림하시기 전에는 오지 않을 것이다.

요한이 감옥에 갇혀 죽임을 당하고 난 후, 예수님은 유대인들의 실수를 확인해주었다. "엘리야가 과연 먼저 와서 모든 일을 회복하리라 내가 너희에게 말하노니 엘리야가 이미 왔으되 사람들이 알지 못하고 임의로 대우하였도다 인자도 이와 같이 그들에게 고난을 받으리라 하시니 그제서야 제자들이 예수께서 말씀하신 것이 세례 요한인 줄을 깨달으니라"(마 17:11~13).

요한의 진정한 위대함

요한은 다음의 여섯 가지 면에서 진정한 위대함을 보여준다.

첫째, 그는 성령으로 충만했고 "모태에서"부터 성령의 다스림을 받았다(눅 1:15 하).

둘째, 하나님의 말씀에 순종했다.

셋째, 절제하였다. 그는 "포도주나 독주"를 마시지 않고(눅 1:15 상) 음식, 의복, 생활 방식에서 절제하였다.

넷째, 겸손했다. 그는 그리스도와의 관계에서 올바른 관점을 가졌다. "나보다 능력 많으신 이가 내 뒤에 오시나니 나는 굽혀 그의 신발 끈을 풀기도 감당하지 못하겠노라"(막 1:7)고 하였고 또한 "그는 흥하여야 하겠고 나는 쇠하여야 하리라 하니라"(요 3:30)고 하였다.

다섯째, 그는 용감하고 신실하게 하나님의 말씀을 선포하였다.

여섯째, 사람들을 그리스도께로 성실하게 인도하였다. "이스라엘 자손을 주 곧 그들의 하나님께로 많이 돌아오게 하겠음이라"(눅 1:16).

요한은 진정한 위대함을 추구하려는 모든 사람에게 본이 된다. 그러나 지상에서의 위대함은, 그리스도를 구주로 믿음으로 말미암아 하나님의 영적인 나라에 들어가는 모든 사람의 위대함과 다르다. 진정한 위대함은 궁극적으로 그리스도의 발자취를 따르는 것을 의미한다. 왜냐하면 예수님은 모든 것을 희생할 가치가 있는 "극히 값진 진주 하나"이기 때문이다(마 13:46).

세례 요한
: 가장 위대한 사람

요약하기

세례 요한은 개인적 특징과 특권받은 부르심, 절정에 달한 영향력으로, 하나님의 나라에서 진정한 위대함을 찾으려는 모든 그리스도인에게 이상적인 모델이 된다.

생각하기

1. 각 분야의 전문가들은 가장 훌륭한 영화, 소설, 사건 등 다양한 목록을 작성하였다. 당신은 이 시대에서 가장 위대하거나 영향을 미친 사람으로 누구를 꼽겠는가?
2. 사회에서는 항상 쉬운 방법이 가장 인기있고, 가장 잘 받아들여지는 것처럼 보인다. 특히 어떤 영역에서 그러한가? 당신이 가장 안이하게 하거나 규율을 덜 지키려는 유혹을 받은 때는 언제인가?

대답하기

1. 요한은 어떤 가정 출신인가? 그의 아버지는 무엇을 하였는가?
2. 요한은 어떻게 위대하도록 예정되었고, 첫 번째 사역은 무엇이었는가?
3. 예수님은 사람들이 요한의 위대함의 특성을 오해하지 않도록 하기 위해 무엇이라고 말씀하셨는가(마 11:11)?
4. 요한이 약점들을 극복하도록 도운 요인들은 무엇인가?
5. 예수님은 요한의 강한 확신과 대조되는 것을 사람들에게 보여주기 위해 사용하신 평범한 사물은 무엇이었는가?
6. 요한은 자신의 음식과 의복으로 무엇을 책망하였는가?
7. 요한의 메시지를 한 마디 말로 요약하면 무엇인가?

8. 왕의 선구자의 두 가지 의무는 무엇인가?

9. 요한의 세례와 레위인의 정결 예식을 비교해보라.

10. 요한의 메시지가 전형적으로 야기한 반응은 어떤 것이었는가?

11. 예수님이 요한을 엘리야에 비유한 것의 요지는 무엇인가(마 11:14)?

12. 요한의 진정한 위대함을 보여주는 여섯 가지 요소는 무엇인가?

기도하기

영적인 기업의 면에서 당신이 세례 요한만큼 위대한 것에 대해 하나님을 찬양하고 감사드리라. 요한이 전했던 것과 같은 강한 설교를 들을 필요가 있는 사람을 위해 기도하라.

진리 적용하기

이사야 40장 3~5절을 암송하라. 특히 당신이 주님과 동행하는 데 갈등하고 있는 특별한 장애물이나 힘든 영역이 있을 때 묵상하고 다시 보라. 하나님께서 당신의 길을 평탄하게 하시는 실제적인 방법들을 물으라.

PETER
: Lessons Learned by Faith

9장

베드로: 믿음으로 배운 교훈들

대부분의 그리스도인은 사도 베드로와 쉽게 동일시할 수 있는데, 이는 성경에서 그의 인간성이 자주 나오기 때문이다(〈사복음서〉에서 베드로보다 더 자주 언급된 사람은 예수님뿐이다). 예수님은 다른 제자들보다 베드로에 대해 더 많이 말씀하셔서 우리는 그의 강점과 약점을 적나라하게 보게 된다. 베드로만큼 담대히 소리 내어 반복적으로 그리스도를 고백하고 격려한 제자는 없었다. 그러나 베드로만큼 끊임없이 예수님을 방해하고, 비난하고, 대들고, 저지하려는 제자도 없었다. 따라서 예수님은 열두 제자 중에서 다른 어떤 제자보다 베드로에게 칭찬과 축복의 말씀과 함께 직접적인 책망의 말씀도 더 많이 하셨다(가룟 유다의 배반에 대해 책망한 것을 제외하고 말이다).

그러나 예수님은 이런 축복과 책망을 모두 사용하셔서 베드로를 믿음으로 세우고 더 경건한 지도자로 만드셨다. 그는 초대교회의 영향력 있는 지도자로서의 부르심을 실현해가야 했기 때문에 예수께서 그의 삶을 만들어나가는 것은 중요했다(행 1~12장, 벧전, 벧후 참고).

재능과 서열 면에서 베드로는 제자들 중 최고였다. 이는 마태복음 10장 2절에서 헬라어로 '프로토스(pro-tos, 서열 1순위)'라는 말을 사용하였고 ― "첫째로(한글성경에는 그 말을 사용하지 않았다 ― 역주) 베드로라 하는 시몬을 비롯하여"― 심지어 〈사복음서〉에서 제자들의 이름을 나열할 때에도(마 10:2~4; 막 3:16~19; 눅 6:14~16; 행 1:13) 베드로의 이름을 처음에 놓았다. 열두 제자의 신성한 헌신, 권위, 능력과 뜻은 모두 동일했고, 그들은(유다는 제외, 맛디디아로 대체되었다) 이스라엘의 열두 지파를 심판할 때 동일하게 보좌에 앉을 것이다(마 19:28). 그러나 지도력 없이는 그룹이 제대로 굴러갈 수 없는데, 베드로는 처음부터 지도력을 발휘함으로 다른 제자들을 도왔다.

사도의 이름으로 그 사람의 성격을 알아볼 수 있다. 베드로의 부모는 그에게 시몬이라는 이름을 지어주었지만, 예수께서 베드로라고 바꾸셨다(아람어로는 게바[Cephas]). 이는 '반석'이라는 의미이다(마 16:18). 베드로는 본래 잘 동요되고 충동적이기 때문에, 다른 제자들이 베드로의 새 이름의 적절성에 대해 의아해했을 것이다. 그러나 예수님은 시몬이 견고한 믿음의 사람이 되기를 바라시며 그를 격려하기 위해 그렇게 개명하신 것이다.

단순한 인물 구분을 위해, 〈복음서〉에서는 시몬을 베드로라고 언급한다(막 1:29~30; 눅 5:3, 10). 주님은 죄를 꾸짖으실 때나, "깊은 데로 가서 그물을 내려 고기를 잡으라"(눅 5:4)고 지시하실 때 의심한 경우와 같이 베드로의 약점이 두드러질 때는 그의 옛 이름을 사용하셨다. 예수께서는 겟세마네 동산에서 베드로가 깨어 있지 못했을 때 그를 책망하시며 말씀하셨다. "시몬아 자느냐 네가 한 시 동안도 깨어 있을 수 없더냐"(막 14:37). 그리고 예수께서 부활하신 후 베드로의 믿음 없음에 대해 세 번을 물으시며 그의 옛 이름을 사용하셨다(요 21:15~17). 주님은 베드로가 옛 자아처럼 행동하고 있는 것을 상기시켜줄 때 '시몬'이라는 이름을 사용하신 것으로 드러난다.

베드로는 벳새다 출신이지만 가버나움으로 옮겨갔다. 거기에서 그와 그의 아버지 요한(요나스)과 형제 안드레는 물고기 잡는 일을 했다. 예수께서는 어떻게 일관성 없고 자기중심적인 모난 사람을 택하셔서 그를 사도들의 신실한 지도자로 바꾸어놓으셨을까? 〈복음서〉에서는 베드로의 성격을 형성하고 믿음을 키우는 데 기초가 되는 세 가지 요소를 드러냄으로 그 질문에 대한 답을 제시한다.

적합한 잠재성

첫 번째로, 베드로는 좋은 특성과 지도력의 잠재성을 가지고 있었다. 우선 그는 질문을 많이 하였다. 그 질문들 중 대부분이 피상적이고 미성숙한 것이었으나, 그럼에도 불구하고 이것들은 예수님과 그분의 사역에 대한 진정한 관심을 보여주었다. 질문을 많이 하지 않는 사람은 성공적인 지도자가 되지 못한다. 왜냐하면 배우고자 하는 열망이 적거나 기회가 왔을 때 이끌어가고자 하는 열망이 적기 때문이다.

베드로는 항상 예수께 교리와 사역의 관계에 대해 열심히 물었다. 그는 유전의 부정함에 관한 짧은 비유를 이해하지 못했을 때 설명해 달라고 했다(마 15:15). 제자도의 상급에 대해 생각해보았을 때도 묻기를 주저하지 않았다(마 9:27). 그리고 야고보, 요한, 안드레와 함께, 언제, 어떻게 성전이 무너지게 될 것인지를 알기 원했다(막 13:4).

예수님은 때로 베드로의 질문에 대해 그가 기대하지 않았던 방식으로 대답해주셨다. 그 이유는 기본적으로 베드로의 질문이 대개 예수님의 가르침의 요지를 벗어난 것이었거나 자기중심적인 것이었기 때문이다. 그가 했던 많은 질문은 미성숙하고 잘못된 방향의 것이었기에 주께서 이를 통해 그의 믿음을 세워나가도록 하셨다.

베드로는 또한 주도적(主導的)이었다. 이는 훌륭한 지도력의 또 다른 특성이다. 그는 주로 예수님의 질문에 가장 먼저 대답하는 제자였다. 예수께서 진정한 정체성에 대해 제자들을 시험하실 때, "주는 그리스도시요 살아 계신 하나님의 아들이시니이다"(마 16:16)라고 밝힌 사람도 베드로였다.

베드로는 또한 변화산 위에서 그가 본 것에 대해 빠르게 반응하였다. "랍비여 우리가 여기 있는 것이 좋사오니 우리가 초막 셋을 짓되 하나는 주를 위하여, 하나는 모세를 위하여, 하나는 엘리야를 위하여 하사이다 하니 이는 그들이 몹시 무서워하므로 그가 무슨 말을 할지 알지 못함이더라"(막 9:5~6). 그의 행동들이 때로는 잘못된 것일 때도 있었지만(요 18:10 참조), 베드로는 항상 주님을 지지했다.

마지막으로, 베드로는 주로 행동의 중심에 있었다. 그는 예수님 가까이에 있었고 천성적으로 모든 사역에 관여하기를 원했다. 심지어 그리스도를 세 번 부인한 때에도, 동료 제자들이 모두 도망갔을 때에도 예수님 가까이에 남아 있었다(마 26:56~58, 69~75). 베드로와 요한이 예수님의 부활에 대해 알게 되었을 때는 요한이 무덤에 먼저 도착하였지만, 그것은 단지 그가 달음질이 빨랐기 때문이다(요 20:4).

적합한 경험들

두번 째, 예수님은 베드로에게 믿음을 키우고, 잠재적인 지도력을 개발시킬 수 있도록 삶에 필요한 모든 경험도 하게 해주었다.

첫째로, 그는 신성한 계시를 받았다. 베드로가 예수님을 그리스도라고 고백하는 중요한 상황에서 예수님이 말씀하셨다. "바요나 시몬아 네가 복이 있도다 이를 네게 알게 한 이는 혈육이 아니요 하늘에 계신 내 아버지시니라"(마 16:17). 많은 사람이 제자도가 요구되는 것 때문에 예수님을 따르지 않게 되자, 그분은 열두 제자에게 물으셨다. "너희도 가려느냐." 베드로는 다시 하나님께서 주신 깨달음으로 대답하였다. "영생의 말씀이 주께 있사오니 우리가 누구에게로 가오리이까"(요 6:66~68).

하나님께서는 베드로의 믿음을 세우고, 그가 훗날 복음을 전할 도구가 되도록 변화시키고 계셨다. 예를 들어, 그는 오순절에 성령의 대언자가 되었다. "유대인들과 예루살렘에 사는 모든 사람들아 이 일을 너희로 알게 할 것이니 내 말에 귀를 기울이라"(행 2:14, 4:8~12 참조). 그리고 베드로는 후에 하나님의 계시된 진리를 신약의 두 권의 서신서에 그의 이름을 넣어 기록하였다.

둘째로, 베드로는 하나님께서 주신 영예와 보상을 경험했다. 베드로가 예수님을 그리스도라고 고백한 후에, 예수께서 그에게 말씀하셨다. "또 내가 네게 이르노니 너는 베드로라 내가 이 반석 위에 내 교회를 세우리니 음부의 권세가 이기지 못하리라 내가 천국 열쇠를 네게 주리니 네가 땅에서 무엇이든지 매면 하늘에서도 매일 것이요 네가 땅에서 무엇이든지 풀면 하늘에서도 풀리리라 하시고"(마 16:18~19). 이후 베드로의 사역은 유대인, 이방인 모두에게 복음의 문을 여는 것이었다. 베드로는 큰 보상과 영예를 경험하기도 하였지만, 크게 책망받는 대상이기도 하였다. 때로 베드로의 말들은 예수께서 그에게 부여한 영예와는 대조되는 것이었다. 심지어 하나님과 함께 사단을 동시에 섬기는 언사로 드러나기도 했다.

이때로부터 예수 그리스도께서 자기가 예루살렘에 올라가 장로들과 대제사장들과 서기관들에게 많은 고난을 받고 죽임을 당하고 제삼일에 살아나야 할 것을 제자들에게 비로소 나타내시니 베드로가 예수를 붙들고 항변하여 이르되 주여 그리 마옵소서 이 일이 결코 주께 미치지 아니하리이다 예수께서 돌이키시며 베드로에게 이르시되 사탄아 내 뒤로 물러가라 너는 나를 넘어지게 하는 자로다 네가 하나님의 일을 생각하지 아니하고 도리어 사람의 일을 생각하는도다(마 16:21~23).

175

베드로의 지혜와 이해가 하나님의 것을 넘어선 때는 그가 믿음으로 하나님을 섬기는 것을 멈추고 육체로 사단을 섬기기 시작한 것이었다.

하나님께서는 베드로가 예수님을 일시적으로 부인하는 부정적인 경험을 하게도 하셨다. 베드로는 지나친 자기 확신으로 예수님에게 책망받았고, 후에 예수님을 부인하는 경험도 하였다. 예수께서 돌아가시기 몇 시간 전에, 베드로와 다른 제자들이 자신을 부인할 것이라고 예견하셨을 때, 베드로는 전형적인 반응으로 황급히 부인했다. "모두 주를 버릴지라도 나는 결코 버리지 않겠나이다"(마 26:33). 예수께서 더 구체적으로 베드로가 그날 밤에 자신을 세 번 부인하게 될 것이라고 말씀하셨을 때, 그는 더 강하게 주장하였다. "내가 주와 함께 죽을지언정 주를 부인하지 않겠나이다"(마 26:35). 그러나 예수님은 자신이 옳고 베드로가 그르다는 것을 다시 증명하셨다. 사도 베드로는 대제사장의 뜰에서 몸을 덥히는 중에 그리스도를 세 번 부인했을 뿐 아니라, 매번 더 격하게 하였다(마 26:69~75).

그러나 베드로는 힘든 경험들을 통해 오히려 주님에게로부터 재헌신하게 되었다. 예수님이 베드로에게 신실하지 않음과 사랑이 부족함에 대해 말씀하셨을 때, 그는 진정으로 주님을 사랑한다고 세 번이나 확실히 말하였다.

그들이 조반 먹은 후에 예수께서 시몬 베드로에게 이르시되 요한의 아들 시몬아 네가 이 사람들보다 나를 더 사랑하느냐 하시니 이르되 주님 그러하나이다 내가 주님을 사랑하는 줄 주님께서 아시나이다 이르시되 내 어린 양을 먹이라 하시고 또 두 번째 이르시되 요한의 아들 시몬아 네가 나를 사랑하느냐 하시니 이르되 주님 그러하나이다 내가 주님을 사랑하는 줄 주님께서 아시나이다 이르시되 내 양을 치라 하시고 세 번째 이르시되 요한의 아들 시몬아 네가 나를 사랑하느냐 하시니 주께서 세 번째 네가 나를 사랑하느냐 하시므로 베드로가 근심하여 이르되 주님 모든 것을 아시오매 내가 주님을 사랑하는 줄을 주님께서 아시나이다 예수께서 이르시되 내 양을 먹이라 내가 진실로 진실로 네게 이르노니 네가 젊어서는 스스로 띠 띠고 원하는 곳으로 다녔거니와 늙어서는 네 팔을 벌리리니 남이 네게 띠 띠우고 원하지 아니하는 곳으로 데려가리라 이 말씀을 하심은 베드로가 어떠한 죽음으로 하나님께 영광을 돌릴 것을 가리키심이러라 이 말씀을 하시고 베드로에게 이르시되 나를 따르라 하시니(요 21:15~19).

예수님은 베드로를 포기하지 않으셨다. 그분은 베드로가 여전히 사도임을 확인시켜주셨고, 믿음과 순종으로, 베드로가 예전에 했던 것처럼 주님을 따르라고 명령하셨다.

적합한 태도

세 번째로, 베드로는 올바른 태도를 갖추고 있었다. 예수님은 그에게 지속적으로 거룩한 지도력의 원칙들을 가르치셔서 그는 기본적인 여섯 가지 자질을 얻게 되었다. 무엇보다도, 주님은 베드로가 권위자들에게 순복하는 것을 배워야 할 필요가 있다는 것을 아셨다. 그래서 베드로는 다음의 경험을 통해 예수님과 권위자들에게 순복해야 함을 배웠다.

가버나움에 이르니 반 세겔 받는 자들이 베드로에게 나아와 이르되 너의 선생은 반 세겔을 내지 아니하느냐 이르되 내신다 하고 집에 들어가니 예수께서 먼저 이르시되 시몬아 네 생각은 어떠하냐 세상 임금들이 누구에게 관세와 국세를 받느냐 자기 아들에게냐 타인에게냐 베드로가 이르되 타인에게니이다 예수께서 이르시되 그렇다면 아들들은 세를 면하리라 그러나 우리가 그들이 실족하지 않게 하기 위하여 네가 바다에 가서 낚시를 던져 먼저 오르는 고기를 가져 입을 열면 돈 한 세겔을 얻을 것이니 가져다가 나와 너를 위하여 주라 하시니라 (마 17:24~27).

베드로는 후에 이 경험에서 얻은 교훈을 초대교회 교인들에게 말할 수 있었다. "인간의 모든 제도를 주를 위하여 순종하되 혹은 위에 있는 왕이나 혹은 그가 악행하는 자를 징벌하고 선행하는 자를 포상하기 위하여 보낸 총독에게 하라 곧 선행으로 어리석은 사람들의 무식한 말을 막으시는 것이라 … 뭇 사람을 공경하며 형제를 사랑하며 하나님을 두려워하며 왕을 존대하라"(벧전 2:13~15, 17).

베드로는 또한 절제의 태도를 배워야 할 필요가 있었다. 이는 사람들이 예수님을 잡으러 겟세마네 동산에 왔을 때 가장 잘 묘사되었다. 베드로는 압도적인 수에 맞서(로마 보병대 군인은 500명 이상이었다), 그의 검을 빼어 주님을 잡으려는 자를 저지시키려 하였다. 그러나 예수께서는 그에게 검을 내려놓으라고 하시며 이것이 하나님의 계획임을 믿으라고 명령하셨다. "이에 시몬 베드로가 칼을 가졌는데 그것을 빼어 대제사장의 종을 쳐서 오른편 귀를 베어버리니 그 종의 이름은 말고라 예수께서 베드로더러 이르시되 칼을 칼집에 꽂으라 아버지께서 주신 잔을 내가 마시지 아니하겠느냐 하시니라"(요 18:10~11).

베드로가 배워야 할 또 하나의 중요한 태도는 겸손이었다. 성경을 통해 알 수 있듯이 베드로는 자만하였다. "모두 주를 버릴지라도 나는 결코 버리지 않겠나이다"(마 26:33). 그는 그러고 나서 얼마 지나지 않아 그리스도를 세 번 부인하였다. 그리고 몇 년 후에 베드로는 그리스도가 다른 사람임을 증명하였다. "하나님은 교만한 자를 대적하시되 겸손한 자들에게는 은혜를 주시느니라"(벧전 5:5).

베드로가 배워야 할 태도는 희생이었다. 요한복음 21장에서 예수님이 그를 세 번 복위시키는 종결 부분에서 베드로는 사도 요한이 가진 희생적인 역할에 관심을 표현하였다. "이에 베드로가 그를 보고 예수께 여짜오되 주님 이 사람은 어떻게 되겠사옵나이까 예수께서 이르시되 내가 올 때까지 그를 머물게 하고자 할지라도 네게 무슨 상관이냐 너는 나를 따르라 하시더라"(요 21:21~22).

예수님은 베드로에게 따르라고 다시 명령할 필요가 없었다. 그 후 베드로는 어떠한 희생, 핍박을 요구하더라도 순종하였다. 후에 베드로는 이렇게 기록하였다. "오히려 너희가 그리스도의 고난에 참여하는 것으로 즐거워하라 이는 그의 영광을 나타내실 때에 너희로 즐거워하고 기뻐하게 하려 함이라 … 그러므로 하나님의 뜻대로 고난을 받는 자들은 또한 선을 행하는 가운데에 그 영혼을 미쁘신 창조주께 의탁할지어다"(벧전 4:13, 19).

베드로전서 4장 8절에서 베드로가 배운 또 다른 교훈을 기록하고 있다. "무엇보다도 뜨겁게 서로 사랑할지니 사랑은 허다한 죄를 덮느니라"(벧전 4:8). 예수님은 베드로가 사랑의 태도를 갖기를 원하셨다. 그는 요한복음 21장 15~17절에서 이를 세 번 언급하였다. 왜냐하면 그는 어떠한 사역이 다른 사람들에게 아무리 호소력이 있다 하여도, 그것이 사랑에서 나온 것이 아닐 때는 가치 없는 것임을 알았기 때문이다. "내가 내게 있는 모든 것으로 구제하고 또 내 몸을 불사르게 내줄지라도 사랑이 없으면 내게 아무 유익이 없느니라"(고전 13:3).

베드로는 예수님의 열두 제자를 이끄는 사람으로서 용기를 갖추어야 했다. 믿음으로 폭풍 치는 갈릴리 바다 위를 걷던 중에 배우게 되었다.

밤 사경에 예수께서 바다 위로 걸어서 제자들에게 오시니 제자들이 그가 바다 위로 걸어오심을 보고 놀라 유령이라 하며 무서워하여 소리 지르거늘 예수께서 즉시 이르시되 안심하라 나니 두려워하지 말라 베드로가 대답하여 이르되 주여 만일 주님이시거든 나를 명하사 물 위로 오라 하소서 하니 오라 하시니 베드로가 배에서 내려 물 위로 걸어서 예수께로 가되 바람을 보고 무서워 빠져 가는지라 소리 질러 이르되 주여 나를 구원하소서 하니 예수께서 즉시 손을 내밀어 그를 붙잡으시며 이르시되 믿음이 작은 자여 왜 의심하였느냐 하시고 배에 함께 오르매 바람이 그치는지라(마 14:25~32).

베드로는 더 이상 두려워하고 의심하는 제자가 아니었다. 그는 유대 공회 앞에 서서 담대하고 확신 있게 선포하였다. "너희와 모든 이스라엘 백성들은 알라 너희가 십자가에 못 박고 하나님이 죽은 자 가운데서 살리신 나사렛 예수 그리스도의 이름으로 이 사람이 건강하게 되어 너희 앞에 섰느니라 이 예수는 너희 건축자들의 버린 돌로서 집 모퉁이의 머릿돌이 되었느니라"(행 4:10~11). 그 후 베드로는 자신보다 예수님을 더 온전히 믿게 되어, 공회가 복음 전파를 그만하라고 명령할 때도 요한과 함께 저항할 수 있었다. "하나님 앞에서 너희의 말을 듣는 것이 하나님의 말씀을 듣는 것보다 옳은가 판단하라 우리는 보고 들은 것을 말하지 아니할 수 없다"(행 4:19~20). 그 후, 기도 모임에서 그들과 다른 신자들이 필요했던 담대함보다 그들의 믿음이 더 강하게 되었다. "모인 곳이 진동하더니 무리가 다 성령이 충만하여 담대히 하나님의 말씀을 전하니라."(행 4:31).

베드로는 배움이 더딜 때가 많았지만, 무엇이든 잘 배울 수 있는 믿음과 인내가 있었다. 그는 유다를 대신할 사람을 찾을 때 주도권을 가졌고(행 1:15~22), 복음을 담대히 전하는 자가 되었고(행 2:14, 4:8), 교회에서 처음으로(아나니아와 삽비라에게) 징계조치를 취하였고(행 5:3~9), 주술사인 시몬을 질책하였으며, 애니아를 고치고 도르가를 죽음에서 살려냈다(행 9:34, 40). 그리고 베드로는 순복, 절제, 겸손, 희생, 사랑, 용기에 대해 그가 배운 것을 서신서에 기록하였다. 또한 믿음에 거룩한 태도와 특성을 더하라고 권고한다. 우리가 어떠한 상황에서도 하나님을 신뢰하고, 그분의 뜻에 순종하며, 그분의 이름을 영화롭게 할 수 있게 하기 위함이다.

이로써 그 보배롭고 지극히 큰 약속을 우리에게 주사 이 약속으로 말미암아 너희가 정욕 때문에 세상에서 썩어질 것을 피하여 신성한 성품에 참여하는 자가 되게 하려 하셨느니라 그러므로 너희가 더욱 힘써 너희 믿음에 덕을, 덕에 지식을, 지식에 절제를, 절제에 인내를, 인내에 경건을, 경건에 형제 우애를, 형제 우애에 사랑을 더하라 이런 것이 너희에게 있어 흡족한즉 너희로 우리 주 예수 그리스도를 알기에 게으르지 않고 열매 없는 자가 되지 않게 하려니와(벧후 1:4~8, 3:18; 벧전 1:3~9, 4:7~10 참조).

베드로
: 믿음으로 배운 교훈들

요약하기

예수님은 베드로의 삶에 다양한 축복, 책망, 경험들을 사용하셔서 교만하고 무지했던 어부를 사도들의 믿음의 지도자요, 효과적인 교사요, 성경의 저자로 변화시키셨다.

생각하기

1. 가장 배우기 어려웠던 교훈은 무엇인가? 그러한 경험을 한 것에 대해 왜 기뻐하는가?
2. 당신은 지도력의 어떤 면을 가장 좋아하는가? 어떤 사람에게서 그러한 지도력의 예를 볼 수 있는가? 그 사람이 당신에게 어떤 면에서 도움을 주었는가?

대답하기

1. 마태복음 10장 2절에서 언급된 제자들 가운데 베드로의 위치에 대한 헬라어는 무엇인가?
2. 베드로의 본명은 무엇인가? 아람어로 베드로(게바)는 무슨 뜻이고, 예수께서 그에게 원했던 특징은 무엇이었는가?
3. 베드로의 고향은 어디인가? 그가 어부로 일했던 곳은 어디인가?
4. 베드로가 질문했던 것은 무엇이었는가, 그리고 그러한 질문들은 그의 성격의 어떤 면을 드러내는가?
5. 베드로가 보인 다른 두 가지 훌륭한 지도력의 잠재성은 무엇인가?
6. 베드로가 제자가 된 후, 주님이 그의 삶에 부여하신 경험들의 목록을 나열하라.

7. 예수께서 베드로에게 가르치셨던 6가지 태도를 열거해보라. 각각 성경 구절을 명시하라.
8. 〈사도행전〉에서 베드로에게 교훈을 준 세 가지 사건을 말하라.

기도하기

교회의 젊은이들이 지도력에 관한 거룩한 잠재성을 계발하도록 기도하라. 특히 가장 큰 잠재성을 보이는 사람을 위해 기도하라. 하나님께서 당신에게 허락하신 힘든 경험들을 통해 배울 수 있도록 겸손하고 배우고자 하는 마음을 달라고 기도하라.

진리 적용하기

베드로후서 1장 4~8절을 묵상하라. 베드로가 언급한 각각의 덕목들을 기록하라. 각 영역에서 당신이 어떻게 하고 있는지를 기도하는 마음으로 돌아보고, 당신의 약한 부분을 연습할 수 있는 기회를 찾으라.

PAUL
: A Faith that Obeys

바울: 신실한 사역을 위한 변화

교회사에는 심각한 죄인들이 회심하는 놀라운 이
야기들로 가득 차 있다. 그들은 사람을 변화시키는 복음의 능력 없
이는 그리스도께로 결코 돌아올 수 없을 것 같은 자들이다. 노예선
의 선장이었던 존 뉴톤(John Newton)은 토머스 아 켐피스(Thomas
a Kempis)의 《그리스도를 본받아*The Immitation of Christ*》라는 고
전 신앙 서적을 읽고 바다에서 두려운 폭풍을 경험하고 나서 구원받
았다. 그리고 가장 사랑받는 찬양인 '나 같은 죄인 살리신(Amazing
Grace)'을 썼다. 또한 그는 18세기에 영국에서 목사와 전도 지도자가
되었다. 그의 묘비에는 다음과 같은 비문이 적혀 있다. "존 뉴톤, 성직
자, 한때 이교도였고 탕자였으며, 아프리카 노예상의 일꾼이었던 그
는 우리 주 예수 그리스도의 풍성하신 자비하심으로 말미암아 보호

받았고, 회복되었고, 용서받았고, 자신이 그토록 오랫동안 부인했던 바로 그 믿음을 전파하는 자가 되었다."

그러나 사도 바울만큼 주목할 만하고 교회사를 바꿀 만큼 영적인 변화가 있었던 사람은 없다. 그의 회심은 아주 중요하여 신약에서 각기 다르게, 꽤 길게 세 번 기록하고 있다(행 9:1~31, 22:1~16, 26:4~18). 본명이 사울이었던 바울은 소아시아와 시리아의 접경지에서 가까운 길리기아 지방에 있는 로마 중요 도시인 다소에서 태어났다(행 22:38). 그러나 그의 인종적, 종교적 배경은 유대인이었다. 그리고 바리새인으로 예루살렘에서 우수한 훈련을 받았고, 당시 가장 존경받는 랍비인 가말리엘의 문하생이었다.

성경에서 사울은 스데반에게 돌을 던진 것과 관련되어 처음 언급되었다(행 7:58). 이는 그가 죄악된 행동을 이끄는 역할이었다는 것을 말한다. 그는 확실히 스데반의 죽음 이후에 교회를 심하게 핍박하는 일의 지도자였다(행 8:1~3). 이후에 사울은 아그립바 왕 앞에서 그가 했던 역할에 대해 자세히 설명하였다. "나도 나사렛 예수의 이름을 대적하여 많은 일을 행하여야 될 줄 스스로 생각하고 예루살렘에서 이런 일을 행하여 대제사장들에게서 권한을 받아 가지고 많은 성도를 옥에 가두며 또 죽일 때에 내가 찬성 투표를 하였고 또 모든 회당에서 여러 번 형벌하여 강제로 모독하는 말을 하게 하고 그들에 대하여 심히 격분하여 외국 성에까지 가서 박해하였고"(행 26:9~11).

사울은 그리스도인들을 핍박하는 일에 참으로 열심이었다. 그가 고대 시리아의 수도였던 다메섹에 그리스도인들이 있다는 것을 듣고, "대제사장에게 가서 다메섹 여러 회당에 가져갈 공문을 청하니 이는 만일 그 도를 따르는 사람을 만나면 남녀를 막론하고 결박하여 예루살렘으로 잡아오려 하였다"(행 9:1~2). 사울과 그의 지지자들과 그리스도를 따르는 자들 간의 분열은 로마인들에게는 여전히 유대인들 간의 내부적인 문제로 보였다. 따라서 유대인의 우두머리로 여겨졌던 대제사장이 사울에게 그리스도인들을 체포할 것에 대해 권위를 부여해주어야 했다.

사울은 대제사장으로부터 필요한 허가서를 받고 동료들을 다메섹으로 보냈다. 그는 다메섹에 도착하기 전, 부활하여 승천하신 그리스도를 만나 그의 삶이 180도 변하게 될 줄 꿈에도 몰랐다.

그리스도를 믿게 된 바울

사울의 구원 경험의 첫 장면은 그가 예수 그리스도를 직접 만나는 것이다. 그가 열심히 다메섹으로 향하고 있을 때, 하늘로부터 오는 빛으로 눈이 멀게 되어 가던 길을 멈추어게 됐다. 그 빛은 정오의 햇빛보다 더 밝았다(행 26:13). 이는 예수 그리스도의 빛나고 영광스러운 형상이었기 때문이다. 놀라운 이 광경으로 인해 사울은 두려워 땅에 엎드렸다. 그리고 영광스러운 광채 안에 계신 예수님을 보았고, 그분이 하시는 책망의 말을 이해했지만, 사울과 함께 있던 사람들은 빛은 보았으나 아무 소리도 듣지 못하였다(행 22:9).

하나님께서는 사울에게 하셨던 것처럼 모든 사람을 극적으로 만나시지는 않는다. 대신 항상 그들이 그리스도께로 오도록 과정을 주관하신다(요 6:37, 44, 10:27~29; 고후 4:6; 빌 1:29 참조). 이러한 놀라운 만남으로 사울은 진리를 이해하게 되었고, 후에 다른 사람들에게 신실하게 가르쳤다.

우리도 전에는 어리석은 자요 순종하지 아니한 자요 속은 자요 여러 가지 정욕과 행락에 종노릇 한 자요 악독과 투기를 일삼은 자요 가증스러운 자요 피차 미워한 자였으나 우리 구주 하나님의 자비와 사람 사랑하심이 나타날 때에 우리를 구원하시되 우리가 행한 바 의로운 행위로 말미암지 아니하고 오직 그의 긍휼하심을 따라 중생의 씻음과 성령의 새롭게 하심으로 하셨나니(딛 3:3~5).

사울은 주님과 대면하는 동안, 그분에게 거룩한 책망의 말을 들었다. 그리스도의 말씀이신 "사울아 사울아 네가 어찌하여 나를 핍박하느냐"(행 9:4)는, 그의 영혼에 번민을 가져오고, 그가 얼마나 잘못된 일을 하고 있는지 깨닫고, 이유 없이 예수님을 미워했던 것에 대한 죄책감에 사로잡히도록 하려는 의도였다(요 15:25 참조). 사울의 죄는 단지 그가 신자들을 핍박한 것뿐 아니라, 그들의 머리이신 예수님을 핍박했다는 것이다.

궁극적으로 사람들을 지옥에 가게 하는 죄는 그리스도를 사랑하고 순종하기를 지속적으로 거부하는 것이고, 진정한 구원은 죄에 대해 개인적으로 깨닫고 인정하는 것이다. 사도들의 직·간접적인 증거의 말들과 사역들로 알게 된 그리스도인들의 믿음과 구속사를 통하여 사울은 다메섹 도상에서의 사건을 위해 성령에 의해 준비되어 가고 있었다. 그는 예수님의 주장에 대해 지식적으로 알고 있었으나, 그후에는 낮아져서 마음으로부터 기꺼이 믿게 되었다.

그는 신성한 겸손의 반응을 하여 분명하고 온전한 회심의 경험을 하였다. 사울이 주께서 "나는 네가 박해하는 예수라"(행 9:5)고 말씀하시는 것을 들었을 때, 즉시 예수님은 참으로 부활한 메시아셨고, 그분의 복음이 하나님의 진리임을 깨달았다. 또한 사울 자신은 하나님에 반하여 싸우고 있었다는 것을 알게 되었다. 그 순간 사울의 저항은 무너져 내렸고, 그는 예수께 회개와 믿음으로 돌아섰다. 그는 빌립보 교인들에게 보내는 서신에서 그 시간 동안 자신의 영혼에 근본적인 변화가 일어났음을 기술하였다.

만일 누구든지 다른 이가 육체를 신뢰할 것이 있는 줄로 생각하면 나는 더욱 그러하리니 나는 팔일 만에 할례를 받고 이스라엘 족속이요 베냐민 지파요 히브리인 중의 히브리인이요 율법으로는 바리새인이요 열심으로는 교회를 박해하고 율법의 의로는 흠이 없는 자라 그러나 무엇이든지 내게 유익하던 것을 내가 그리스도를 위하여 다 해로 여길뿐더러 또한 모든 것을 해로 여김은 내 주 그리스도 예수를 아는 지식이 가장 고상하기 때문이라 내가 그를 위하여 모든 것을 잃어버리고 배설물로 여김은 그리스도를 얻고 그 안에서 발견되려 함이니 내가 가진 의는 율법에서 난 것이 아니요 오직 그리스도를 믿음으로 말미암은 것이니 곧 믿음으로 하나님께로부터 난 의라 내가 그리스도와 그 부활의 권능과 그 고난에 참여함을 알고자 하여 그의 죽으심을 본받아 어떻게 해서든지 죽은 자 가운데서 부활에 이르려 하노니(빌 3:4~11).

사울의 기적적인 회심은 하나님의 주권적인 은혜와 능력에 대한 진정한 간증이다. 그러나 다메섹 도상에서의 그날 이후 무슨 일이 일어났는지에 대해 사도 바울은 단 하나의 설명도 없었다. 하나님께서 개입하셔서 사울이 부활하시고 영화롭게 되신 그리스도를 대면하게 되었고, 믿음으로 그분을 자신의 구주로 받아들였다(딤전 1:13~16).

사울의 구원의 진실성은 그가 그리스도의 주되심에 순종하였기 때문에 더욱 분명해졌다. 그는 오랫동안 경멸하고 싸워왔던 주님의 뜻에 즉시 순복했다. "내가 이르되 주님 무엇을 하리이까 주께서 이르시되 일어나 다메섹으로 들어가라 네가 해야 할 모든 것을 거기서 누가 이르리라 하시거늘 나는 그 빛의 광채로 말미암아 볼 수 없게 되었으므로 나와 함께 있는 사람들의 손에 끌려 다메섹에 들어갔노라"(행 22:10~11). 사울이 다메섹으로 들어간 것은 그가 계획했던 것이 전혀 아니었다. 그의 원래 계획대로라면 도시로 의기양양하게 들어가 그리스도인들을 모두 체포해야 했지만, 오히려 그리스도인으로서 하나님께서 자신을 무엇으로 쓰실지 알기 원하며 겸손함으로 눈이 멀어갔다.

주님께 성별(聖別)되는 것의 일부로 하나님께서는 사울에게 일어난 놀라운 변화에 대해 묵상할 수 있는 시간을 주셨다. 사도행전 9장 9절에서 "사흘 동안 보지 못하고 먹지도 마시지도 아니하니라"고 말한다. 하나님께서는 말할 것도 없이 사울이 그 시간 동안 자신의 전

생애와 목적을 재구성하고 재평가할 수 있도록 도우셨다. 새롭게 부름받은 사도는 그가 죽을 때까지 지속된 영적 성장과 성화를 향한 여정을 시작하였다.

기도에 헌신하게 된 바울

삼 일간 묵상과 회고의 시간을 보낸 사울은 쉬지 않고 기도하는 사람이 되었다. 하나님의 은혜로 진정으로 변한 사람들처럼 사울도 예수님을 믿는 새로운 믿음에 대한 자연스러운 반응으로 기도하기 시작하였다.

사울이 기다리고, 금식하고, 기도하는 동안, 하나님께서는 아나니아라는 사람이 사울에게 안수하여 그가 다시 보게 될 것이라는 환상을 보여주셨다(행 9:12). 아나니아는 "경건한" 사람으로, 다메섹에 "사는 모든 유대인들에게 칭찬을" 들었다(행 22:12).

그는 다메섹교회의 지도자 중 한 사람이었기 때문에 사울이 체포하려는 사람 중의 일순위었다. 그러나 하나님께서는 아나니아에게도 환상을 보여주셔서 사울의 환상에 대해 말씀하시고 다소 사람을 찾으라고 하셨다(행 9:10~11).

아직 사울의 회심에 대해 알지 못했던 아나니아에게는 어려운 것이었지만(행 9:13~14), 그는 하나님께서 사울의 시력을 다시 회복시키기를 원하실 때 기꺼이 쓰임받는 도구가 되려 하였다.

섬김의 삶을 시작한 바울

사울의 삶에서 놀라운 변화는 하나님께서 그에게 보여주신 환상들로 이어졌고, 아나니아가 이를 이루어 두 사람은 만나게 되었다. 사울은 신자들 사이에서 대단한 핍박자로 명성이 높았기 때문에 아나니아는 그를 만날 것에 대해 의심하고 주저했으나 곧 염려를 내려놓았다. "주께서 [아나니아에게] 이르시되 가라 이 사람은 내 이름을 이방인과 임금들과 이스라엘 자손들에게 전하기 위하여 택한 나의 그릇이라 그가 내 이름을 위하여 얼마나 고난을 받아야 할 것을 내가 그에게 보이리라 하시니"(행 9:15~16).

사도행전 9장 15~16절에 있는 하나님의 말씀은 영적인 섬김에 대한 이 부르심이 인간의 지혜가 아닌 하나님의 주권적인 뜻에 기초하고 있음을 다시 증명해준다. 사울은 전도여행 초기에 이 진리를 이해했고, 사도 바울로서의 사역을 통해 정기적으로 보여주었다. "사람들에게서 난 것도 아니요 사람으로 말미암은 것도 아니요 오직 예수 그리스도와 그를 죽은 자 가운데서 살리신 하나님 아버지로 말미암아 사도 된 바울은"(갈 1:1; 딤전 2:7; 딤후 1:11 참조), "내가 교회의 일꾼 된 것은 하나님이 너희를 위하여"(골 1:25).

물론 사도행전 9장 15~16절에서 드러난 사울을 향한 하나님의 계획은 향후 몇 년간 이루어졌다. 그는 먼저 유대인에게 말씀을 전하며(행 13:14, 14:1, 17:1, 18:4, 19:8) 이방인을 향한 주님의 첫 부르심을 실행하였다(롬 11:13, 15:16). 또한 아그립바(행 25:23 이후)와 가이사와 같은 왕들 앞에도 하나님의 말씀을 가지고 나아갔다(딤후 4:16~17 참조).

그러나 오래지 않아 하나님께서는 사울이 그리스도를 위해 고난을 많이 받게 될 것이라고 말씀하셨다. 그리고 몇 년 안에 사울은 주님의 말씀처럼 고난을 받지만 잘 살아 남았다(고전 4:9~13; 고후 11:23~29, 12:7~10).

사울은 마침내 아나니아와 만나면서 오랜 섬김과 고난의 길을 시작하였다. 그들의 만남은 사울의 시력을 회복하기 위해 안수한 것뿐 아니라 그 이상이었다. 이는 사울이 공식적으로 사역의 임무를 맡는 시간이었다. "사울아 다시 보라 하거늘 즉시 그를 쳐다보았노라 그가 또 이르되 우리 조상들의 하나님이 너를 택하여 너로 하여금 자기 뜻을 알게 하시며 그 의인을 보게 하시고 그 입에서 나오는 음성을 듣게 하셨으니 네가 그를 위하여 모든 사람 앞에서 네가 보고 들은 것에 증인이 되리라"(행 22:14~15). 그 후, 사울은 아나니아와 함께 모든 신자는 항상 주님을 섬겨야 한다고 지속적으로 주장하였다. 그리고 고린도 교인들에게도 이와 같이 말했다. "사람이 마땅히 우리를 그리스도의 일꾼이요 하나님의 비밀을 맡은 자로 여길지어다"(고전 4:1).

성령으로 충만한 바울

사울이 사명을 받은 데에 중요한 역할은 그가 성령으로 충만했다는 것이다(행 9:17). 분명히 성령께서는 그에게 구원을 가져오기 위해 그의 삶에서 이미 역사하고 계셨다. 그분은 사울의 죄에 대해 정죄하셨고(요 16:9), 그리스도의 주되심에 대해 그가 깨닫도록 하셨고(고전 12:3), 회심시키셨고(요 3:5; 딛 3:5), 그리스도의 몸인 교회 안에 속하게 하셨고, 그 안에서 영원히 거하게 하셨다(고전 12:13). 그러나 이제 사울은 특별히 주님의 사역을 위한 능력을 부여받기 위해 성령으로 충만하게 될 필요가 있었다(행 2:4, 14, 4:8, 31, 6:5, 8 참조).

사울은 다른 사도들의 조력이나 승인 없이, 그리고 오순절에 일어난 성령의 극적인 부으심 없이, 사명을 받을 때 성령을 받았다. 사울은 다른 사도들에 의해서가 아니라, 예수 그리스도에 의해 개인적으로 부르심을 받아 그 자신의 권리로 사도가 되었다(갈 1:1, 15~17; 고전 9:1 참조). 성령께서 사울을 변화시키는데 가장 먼저 한 것은 그가 가진 장점들을 정화하는 것이었다. 사울의 지도력의 은사, 의지력, 동기, 확신, 지식, 대중적인 화술 능력, 그리고 시간과 재능을 지혜롭게 사용한 것은 모두 주님의 목적을 위해 방향이 전환되었다.

성령께서 사울을 만들어가는데 두 번째로 하신 것은 바람직하지 않은 개인의 성향들을 바람직한 것으로 바꾸는 것이었다. 성령께서는 그의 미움을 사랑으로, 공격성을 평화로, 그가 사람들을 거칠게 다루던 것을 온유함으로, 교만함을 겸손함으로 바꾸셨다. 사울은 이후에 성령께서 모든 그리스도인을 성화시킨다는 것을 감사함으로 깨달았다. "우리가 다 수건을 벗은 얼굴로 거울을 보는 것 같이 주의 영광을 보매 그와 같은 형상으로 변화하여 영광에서 영광에 이르니 곧 주의 영으로 말미암음이니라"(고후 3:18).

신자들과의 교제를 즐긴 바울

사울이 사명을 감당하기 위해 처음으로 한 외적인 순종은 아나니아의 권고(행 22:16)에 순종하여 세례를 받은 것이었다. 그 행동은 사울이 싫어하고 핍박하던 사람들과 자신을 동일시하는 것이었다.

그리고 나서 그는 며칠 동안 다메섹에 있는 신자들과 교제를 즐겼다(행 9:18~19). 그들은 분명 사울의 회심을 축하하고 그의 필요를 채워주는 시간을 가졌을 것이다.

사울이 신자들과의 교제를 그토록 사모한 것은 그의 삶이 변화했다는 것을 보여주는 또 다른 증거이다. 사도 요한은 우리에게 일깨워준다. "우리는 형제를 사랑함으로 사망에서 옮겨 생명으로 들어간 줄을 알거니와 사랑하지 아니하는 자는 사망에 머물러 있느니라"(요일 3:14). 진정한 그리스도인들은 사울이 가졌던 교제를 시편 기자의 말로 동의할 것이다. "나는 주를 경외하는 모든 자들과 주의 법도들을 지키는 자들의 친구라"(시 119:63).

사울의 예수님에 대한 첫 가르침

이제 놀랍게 변화된 사울은 예수 그리스도에 대해 가르치고 복음을 전하는 사역을 하느라 낭비할 시간이 없었다.

즉시로 각 회당에서 예수가 하나님의 아들이심을 전파하니 듣는 사람이 다 놀라 말하되 이 사람이 예루살렘에서 이 이름을 부르는 사람을 멸하려던 자가 아니냐 여기 온 것도 그들을 결박하여 대제사장들에게 끌어가고자 함이 아니냐 하더라 사울은 힘을 더 얻어 예수를 그리스도라 증언하여 다메섹에 사는 유대인들을 당혹하게 하니라(행 9:20~22).

만일 다메섹에 있는 신자들이 사울의 회심을 기쁨으로 놀랐다면, 유대인들은 그의 말씀 전파로 충격을 받고 화가 났다. 그들은 사울이 신자들을 죄수로 끌고 갈 것을 기대했지, 회당에서 예수님을 주님이라고 선포할 것을 기대한 것이 아니었다. 그러나 사울은 사역 시작부터 담대한 추진력을 느꼈다. "만일 복음을 전하지 아니하면 내게 화가 있을 것이로다"(고전 9:16).

사울의 말씀 전파가 유대인들 사이에 큰 혼란을 가져온 것이 우리에게는 납득이 되지 않을 것이다. 그러나 사울의 충성하는 대상이 극적으로 바뀐 것을 유대인들이 이해하지 못했다는 것을 볼 때는 그리 놀랄 일도 아니다. 결국, 가장 열정적인 유대주의 옹호자가 이제는 가장 열렬한 기독교 복음전도자가 된 것이다.

사울은 모든 유대인의 적대감에 맞서서 한 걸음도 물러나지 않았다. 그는 오히려 "힘을 더 얻어 예수를 그리스도라 증언하여 다메섹에 사는 유대인들을 당혹하게"했다(행 9:22). 그가 믿지 않는 유대인들과 계속적으로 논쟁했다는 것은, 말씀을 공부하는 사람들에게는 놀라운 일이 아니다. 이제 사울은 예수님이 진정으로 누구신지를 알았고, 이에 대한 지식과, 그가 받은 우수한 유대 교육과, 예수님이 오랫동안 기다려왔던 메시아라는 사실을 증명하는 구약에 대한 해박한 지식을 접목시켰다.

처음으로 핍박을 당한 바울

사울은 사역 초기에 보인 노력들로 활동의 중심지인 예루살렘과 다메섹에서 떨어진 곳에서 연장된 시간(약 3년)을 보내게 되었다. "내가 곧 혈육과 의논하지 아니하고 또 나보다 먼저 사도된 자들을 만나려고 예루살렘으로 가지 아니하고 오직 아라비아로 갔다가 다시 다메섹으로 돌아갔노라 그 후 삼년 만에 내가 게바를 심방하려고 예루살렘에 올라가서 저와 함께 십오 일을 유할쌔"(갈 1:16~18). 바울의 말은 다소의 사울이 새롭게 변화되어 나바티안 아라비아에서 주님으로부터 직접 배웠다는 의미이다.

사울이 다메섹으로 돌아왔을 때, 그는 이전보다 더 힘껏 복음을 전파하였다. 이를 본 유대인들이 그에게서 완전히 등을 돌려 심하게 핍박하자, 사울은 도망을 가야만 했다. "여러 날이 지나매 유대인들이 사울 죽이기를 공모하더니 그 계교가 사울에게 알려지니라 저희가 그를 죽이려고 밤낮으로 성문까지 지키거늘 그의 제자들이 밤에 광주리에 사울을 담아 성에서 달아 내리니라 사울이 예루살렘에 가서 제자들을 사귀고자 하나 다 두려워하여 그의 제자 됨을 믿지 아니하니"(행 9:23~26).

사울이 예루살렘에 도착해 다른 사도들과 관계를 맺으려 하자, 그들은 사울이 사도라 사칭(詐稱)하는 사람으로 보았다. 헬라어로 '~고자 하다'는 동사는 미완료시제로, 사울이 반복하여 다른 제자들이 거절하는 난국을 헤쳐 나가려고 시도했다는 것을 말한다(행 9:26). 그는 높이 존경받는 바나바(행 4:36 참조)가 예루살렘 교회에 사울을 받아들이기로 할 때까지 계속 시도하였다(행 9:27).

그러나 신자들은 곧 사울이 자신들을 대적했던 것만큼이나 그가 자신들의 편에 있다는 것을 좋아하지 않았다. 그의 담대한 복음 전파는 헬레니즘 유대인들에게 더 심한 반발을 야기하여, 그를 죽이려 하였다. 교회가 그 음모를 알게 되어, 형제들이 사울을 다시 도망가게 하여 이번에는 가이사랴(지중해의 항구)로 보내고, 뒤이어 그의 고향인 다소로 보냈다(행 9:29~30, 22:17~21 참조).

그 후 사울은 몇 년 동안 중심부에는 없었지만, 그가 활동을 하지 않은 것은 아니었다. 그는 하나님의 부르심에 적극적으로 순종하여 다양한 지역에 교회를 세웠다(행 15:23; 갈 1:21 참조). 이는 그가 신약 교회에 영향을 미친 초기였다. 사울(곧 바울이 되었다)은 그 기간에 사역의 원칙들을 기록하고 이행하였다. 바울의 서신서와 〈사도행전〉에서조차 분명하게 드러나는 원칙들은 여전히 오늘날의 교회와 신자들에게 하나님의 기준이 되고 있다.

사역에 대한 바울의 관점

만일 바울이 오늘날 사역을 했다면, 지도자들은 어떤 교회 성장 전문가들보다 그를 더 추구하고 모방했을 것이다. 그들은 바울이 지중해 지역의 전역에 기독교를 전파한 방법에 확실한 무언가가 있다는 것을 알아챘을 것이다. 그러나 그의 '성공 방식'을 모방하는 것은 잘못된 것이다. 왜냐하면 그가 얻은 결과는 단지 방법론에 의한 것이 아니었기 때문이다. 사도 바울의 성공적인 사역은 하나님의 진리, 영적인 특성, 주님을 향한 헌신, 그를 따르는 자에게 보인 모범에 기초를 두고 있었다. 바울은 지도력의 원칙을 철저히 본으로 보였다(요 13:15; 고전 4:16; 빌 3:17; 히 13:7; 벧전 5:3 참조).

사도행전 20장 17~24절이 아마도 사도 바울의 사역적 관점을 처음으로 제시하고 있는 부분일 것이다. 그는 하나님, 교회, 잃어버린 영혼, 자신, 네 가지 영역에 대한 경건한 태도에 초점을 맞추고 있다. 만일 이러한 태도가 올바르게 하나님 뜻을 따르고 있다면, 성공적인 사역을 하려는 그리스도의 종 누구에게라도 기초는 세워질 것이다.

하나님을 향한 섬김의 태도

사도 바울은 자신을 "그리스도 예수의 종"이라고 불렀다(롬 1:1; 갈 1:10; 골 1:7, 4:7; 딛 1:1). 그는 데살로니가 교인들을 향하여 기록하였다. "오직 하나님께 옳게 여기심을 입어 복음을 위탁받았으니 우리가 이와 같이 말함은 사람을 기쁘게 하려 함이 아니요 오직 우리 마음을 감찰하시는 하나님을 기쁘시게 하려 함이라"(살전 2:4).

무엇보다도 바울은 주님의 종으로 그분을 겸손히 섬겼다. 왜냐하면 종은 그 상전보다 높지 못하기 때문이다(마 10:24). 바울은 사역 전반에 걸쳐 겸손함의 본이 되었고, 그 진리를 에베소 교회 장로들에게 인정하였다. "곧 모든 겸손과 눈물이며 유대인의 간계로 말미암아 당한 시험을 참고 주를 섬긴 것과"(행 20:19). 바울은 또한 그의 서신서에서 겸손함을 자주 표현하였다. 이는 아마도 고린도후서 3장 5절에 가장 잘 요약되어 있을 것이다. "우리가 무슨 일이든지 우리에게서 난 것 같이 스스로 만족할 것이 아니니 우리의 만족은 오직 하나님으로부터 나느니라"(고후 3:5, 15:9; 엡 3:8; 딤전 1:15~16).

겸손함에 더하여, 바울은 하나님의 종이라면 누구라도 그분을 위해 기꺼이 고난을 받아야 한다고 주장했다. 우리는 이미 사도 바울이 그리스도인의 삶을 살기 시작한 초기에 핍박을 경험한 것을 보았지만(행 9:23~24), 그는 사도행전 20장 19절에서 진정한 종에게 오는 고난에 특별한 점 두 가지를 언급하였다.

"눈물이며"라는 것은, 내적인 고난과 슬픔, 고통으로 하나님께서 불명예스러워질 때마다 바울이 느낀 것이었다. 그의 사역에서 특히 눈물 나게 했던 것이 세 가지가 있다. 첫째는, 잃어버린 영혼들의 상태였다. "나에게 큰 근심이 있는 것과 마음에 그치지 않는 고통이 있는 것을 내 양심이 성령 안에서 나와 더불어 증언하노니 나의 형제 곧 골육의 친척을 위하여 내 자신이 저주를 받아 그리스도에게서 끊어질지라도 원하는 바로라"(롬 9:2~3). 둘째는, 연약하고 죄를 짓는 신자들로 인한 어려움이었다. 그는 고린도에 있는 형제들에게 진실한 관심을 표명하였다. "내가 마음에 큰 눌림과 걱정이 있어 많은 눈물로 너희에게 썼노니"(고후 2:4). 셋째는, 거짓 선생들로 인한 위협으로, 바울은 에베소 교회의 장로들에게 주의를 주었다. "그러므로 너희가 일깨어 내가 삼 년이나 밤낮 쉬지 않고 눈물로 각 사람을 훈계하던 것을 기억하라"(행 20:31; 빌 3:18 참조).

바울은 또한 심한 외적인 고난을 다루어야만 했는데, 그의 말에 의하면 그 대부분은 "유대인의 간계로 말미암아 당한 시험"(행 20:19)으로부터 온 것이었다. 고린도 교인들에게 그의 사역의 진실성을 변호하기 위해, 그는 그가 견뎌야 했던 광범위한 반대에 대해 간략히 기술하였다.

유대인들에게 사십에서 하나 감한 매를 다섯 번 맞았으며 세 번 태장으로 맞고 한 번 돌로 맞고 세 번 파선하고 일 주야를 깊은 바다에서 지냈으며 여러 번 여행하면서 강의 위험과 강도의 위험과 동족의 위험과 이방인의 위험과 시내의 위험과 광야의 위험과 바다의 위험과 거짓 형제 중의 위험을 당하고 또 수고하며 애쓰고 여러 번 자지 못하고 주리며 목마르고 여러 번 굶고 춥고 헐벗었노라 이 외의 일은 고사하고 아직도 날마다 내 속에 눌리는 일이 있으니 곧 모든 교회를 위하여 염려하는 것이라(고후 11:24~28).

바울은 오직 하나님을 기쁘시게 하는 데 초점을 맞추고 있는지 아넌지를 고려함으로 그가 그리스도를 위해 사역하고 있다는 진실성의 정도를 보여주었다. 바울과 같은 사람은 기꺼이 겸손하게 섬기려 하고, 진리에 반대하는 사람들로부터 오는 핍박을 견뎌낼 것이다.

교회를 향한 가르침의 태도

교회를 향한 바울의 사역은 기본적으로 가르치는 것이었다(엡 4:12). 따라서 그는 에베소 교회의 장로들에게 "유익한 것은 무엇이든지 공중 앞에서나 각 집에서나 꺼림이 없이 너희에게 전하여 가르친" 일을 상기시켜주었다. 헬라어로 '거리끼다(Shrink from)'는 '뒤로 물러나다' 또는 '억누르다'라는 뜻이다. 바울은 가르치고, 훈계하고, 권고할 때는 어떠한 것도 하지 않았다. 그는 하나님의 지혜의 조언과 하나님의 거룩하고 주권적인 목적을 가지고 신자들에게 적합한 것이라면 어떤 것이라도 전하였다.

바울의 가르침 사역에는 차별이 없었다(갈 1:10 참조). 그는 필요하다면 누구에게라도, 심지어 사도 베드로가 위선적으로 행했을 때나, 바나바가 말씀의 진리를 타협했을 때에도 담대히 말하였다(갈 2:11~21). 바울은 디모데에게 명하였다. "너는 말씀을 전파하라 때를 얻든지 못 얻든지 항상 힘쓰라 범사에 오래 참음과 가르침으로 경책하며 경계하며 권하라"(딤후 4:2). 사도 바울은 이미 그러한 방식으로 가르치는 본이 되었다.

바울은 공적, 사적으로 다 가르쳤다. 사도행전 19장 8절에서 그는 에베소에 있는 회당에서 석 달을 가르쳤고 그 후에 빌린 서원에서 이 년 이상을 가르쳤다(행 19:9~10). 공적으로 선포된 하나님의 진리를 때로 사적으로 가르쳤고 가정과 개인의 "각 집에서" 일상에 적용할 수 있도록 하였다.

주님의 신실한 종인 바울은 그가 가르치는 내용이 무엇이든지 항상 하나님의 말씀에서 나온 진리를 다각도에서 선포하였다. 그리고 그는 항상 "너는 진리의 말씀을 옳게 분별하며 부끄러울 것이 없는 일꾼으로 인정된 자"(딤후 2:15)로서 행하였다.

잃어버린 영혼을 향한 전도의 태도

바울의 사역적 관점의 세 번째 영역은 그리스도를 알지 못하는 사람들에 대한 부담감이었다. 그는 전도의 명령을 받았다. "헬라인이나 야만인이나 지혜 있는 자나 어리석은 자에게 다 내가 빚진 자라 … 내가 복음을 부끄러워하지 아니하노니 이 복음은 모든 믿는 자에게 구원을 주시는 하나님의 능력이 됨이라 먼저는 유대인에게요 그리고 헬라인에게로다"(롬 1:14, 16; 고전 9:19~23 참조).

바울의 전도는 항상 철저했다. 그가 에베소 교회의 장로들에게 말한 것에서 잘 보여준다. "유대인과 헬라인들에게 하나님께 대한 회개와 우리 주 예수 그리스도께 대한 믿음을 증언한 것이라"(행 20:21). 그의 복음 제시는 항상 구체적이고 이해하기 쉬우며, 두 가지 중요하고, 신성한 순서가 있는 요소들을 포함하고 있었다.

첫째, 바울은 항상 구원받지 못한 사람들에게 회개하라고 권고하였다. 헬라어로 회개라는 말은 '한 사람의 생각이나 목적을 변화하는 것'이라는 뜻이고 생각의 변화는 행동의 변화가 뒤따르는 것을 말한다. 회심 과정에서 죄인은 의식적으로 자신의 죄에서부터 하나님께로 지적으로, 정서적으로, 의지적으로 변화한다(행 2:36~41).

바울의 전도 방법은 "또 그의 이름으로 죄 사함을 받게 하는 회개가 예루살렘에서 시작하여 모든 족속에게 전파될 것이 기록되었으니"(눅 24:47; 행 17:30 참조)라고 하는 예수님의 선례를 그저 따른 것이었다. 이는 진정한 복음 메시지의 핵심으로 회개를 말하고 있는 것이었다(마 4:17; 눅 3:8, 5:32; 행 26:20 참조).

바울의 전도 방법은 "우리 주 예수 그리스도께 대한 믿음"(행 20:21; 살전 1:9 참조)을 가지라는 부르심도 포함하고 있다. 그리고 바울은 구원받는 믿음은 회개처럼 전 인격을 포함한다는 것을 알고 있었다. 복음 메시지의 요지를 지적으로 알게 된 사람은, 정서적으로 동의하고, 의지적으로 이를 신뢰해야만 한다.

바울은 하나님의 가족을 세우는 종이었을 뿐 아니라, 잃어버린 죄인들에게 예수 그리스도의 복음을 선포하는 신실한 선구자였다.

바울 자신의 삶에 대한 희생적인 태도

바울이 종으로서의 네 번째 태도는, 사도행전 20장에서 드러나듯이, 사도로서의 부르심에 대한 온전한 헌신이었다. 심지어 성령께서 그에게 예루살렘에서 아직 명확하게는 알 수 없는 핍박을 받게 될 것이라고 말했는데도, 그는 그리스도에 대한 사도로서의 의무에 대해 신실하게 이행했다. "보라 이제 나는 성령에 매여 예루살렘으로 가는데 거기서 무슨 일을 당할는지 알지 못하노라 오직 성령이 각 성에서 내게 증언하여 결박과 환난이 나를 기다린다 하시나"(행 20:22~23; 롬 15:31 참조).

힘든 상황에 대한 바울의 반응은 사역에 대한 진정한 희생적인 태도를 보여준다. 그의 유일한 관심사는 사도의 사명을 완수하는 것이었다. "내가 달려갈 길과 주 예수께 받은 사명 곧 하나님의 은혜의 복음을 증언하는 일을 마치려 함에는 나의 생명조차 조금도 귀한 것으로 여기지 아니하노라"(행 20:24). 그의 삶에서 일어나는 일들은 하나님의 일과 비교했을 때 중요하지 않았다(행 21:13 참조).

바울의 모든 메시지와 목적의 요지는 — 이는 오늘날의 모든 설교

자들과 예수 그리스도의 종들에게 마찬가지가 되어야만 한다 ― "하나님의 은혜에 대한 복음"이었다는 점에 주목하라. 사도 바울의 분명한 강조점은 은혜로, 이는 하나님이 가치 없는 죄인들을 완전히 용서하시고 그들에게 예수 그리스도의 온전한 의로움을 값없이 주시는 하나님의 은총이었다.

사도 바울은 그리스도인으로서의 전 생애를 믿음의 발자취를 따라 진실하게 살았고 그의 사역을 끝까지 이루어나갔다. 바울이 죽음에 이르렀을 때, 그는 디모데에게 말하였다. "나는 선한 싸움을 싸우고 나의 달려갈 길을 마치고 믿음을 지켰으니"(딤후 4:7). 그리고 그가 부지런하고 성실하게 섬기다가 주님의 임재 가운데로 들어갔을 때, 사도 바울은 분명히 위로의 말들을 들었다. "잘하였도다 착하고 충성된 종아 네가 적은 일에 충성하였으매 내가 많은 것을 네게 맡기리니 네 주인의 즐거움에 참여할지어다"(마 25:21).

그리스도의 모든 종은 주인으로부터 이러한 말을 듣는 것이 목표가 되어야 한다. 우리는 우리를 은혜로 부르시고, 우리가 그분을 공경하여 섬기고, 항상 그분의 이름을 영화롭게 하는 데 필요한 모든 영적인 자원을 주시는 하나님보다 못한 모든 것을 가치 없는 것으로 여겨야 한다.

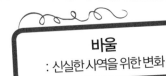

바울
: 신실한 사역을 위한 변화

요약하기

바울의 색다른 영적 회심은 시작부터 의심의 여지없이 진실했다. 이는 초대교회의 확장과 그의 서신서에서 세운 원칙들까지 적용되었는데, 이는 여전히 사역에 대한 하나님의 기준이 되고 있다.

생각하기

1. 오늘날 문화에 대해 바울의 놀라운 변화가 가져다줄 소망은 무엇인가? 이것이 현재의 문제들에 대한 진정한 해결책을 말하고 있는 것은 무엇인가? 현시대에 힘의 중심(미디어, 정부, 학교 등)에 그러한 확실한 회심이 가져올 영향력에 대해 논하라.
2. 직장에서, 학교에서, 운동할 때 열정과 열심은 얼마나 가치 있는가? 이것이 특히 도움이 되었던 때와 그리 도움이 되지 않았던 때를 기억해라. 당신의 현재 열정도는 얼마나 되는가?

대답하기

1. 바울의 개인적, 종교적, 학적 배경을 요약하라.
2. 〈사도행전〉에서 바울(사울)에 관해 처음으로 언급된 내용은 무엇인가?
3. 회심에는 어떠한 신학적 원칙이 항상 적용되는가?
4. 회개하지 않을 때 그 사람을 지옥에 가도록 하는 죄는 무엇인가?
5. 바울의 구원의 진실성을 초반부터 분명하게 했던 것은 무엇인가?
6. 바울이 새롭게 구원을 받은 며칠 동안 그의 새로운 믿음의 자연적인 반응으로 발견하게 된 것은 무엇이었는가?
7. 바울이 그리스도인의 삶에서 초기에 이해하고 그 후에의 사역을 통해

드러난 영적인 섬김에 대한 근본 진리는 무엇인가?

8. 성령께서 바울의 삶을 변화시킨 두 가지 중요한 방법은 무엇인가?

9. 왜 바울은 그의 회심 이후 3년간 짧게 광야에 가 있었는가?

10. 다른 사도들에게 바울을 받아들일 것에 대해 최종적으로 납득시킨 사람은 누구인가?

11. 바울이 그리스도의 종에게 필요하다고 본 기본적인 태도는?

12. 바울에게 가장 내적인 고난과 눈물을 가져온 세 가지 사실은?

13. 바울이 가르침의 사역에는 차별이 없었다는 것을 입증할 수 있었던 두 가지 사건은 무엇인가?

14. 바울의 전도의 특징은 무엇인가? 그것에 기본적인 두 가지 요소는 무엇인가?

15. 바울의 삶에서 그의 유일한 관심사는 무엇이었는가?

기도하기

하나님의 주권적인 은혜가 바울처럼 가장 단단하고 반항적인 마음들도 바꿀 수 있다는 것으로 인해 감사하라. 하나님께 당신과 당신의 교회의 교인 모두가 바울처럼 신실하고 사역에 철저하게 해달라고 구하라.

진리 적용하기

바울의 회심에 대한 세 가지를 각각 주의 깊게 읽어보라(행 9:1~30, 22:1~16, 26:4~18). 이 세 가지를 비교하여 유사점과 차이점을 찾아보라. 각각의 말씀에서 자신의 간증과 사역을 향상시키기 위해 묵상하고 적용할 수 있는 사실을 선택하라.

LYDIA
: The Gift of Faith

11장

루디아: 믿음의선물

최근 수십 년 동안 우리는 소위 해방운동이라는 다양
한 운동들이 출현한 것을 봤다. 시민권 운동에서부터 해방 신학까지
모두 사람들을 압제와 불평등에서 자유롭게 해주고, 그들을 사회에
서 더 낫고 좋은 위치로 올려주겠다는 약속을 해왔다. 그러나 사람 마
음의 진정한 변화 없이 그들의 경제, 사회적인 위치만을 재조정하려
는 해방을 가져오는 운동은 없다. 또한 진정한 자유가 실현될 수 있는
유일한 길은 한 사람의 마음이 죄와 죽음의 속박에서 자유로워질 때
이다. 예수께서 말씀하셨을 때 그분이 의미하셨던 것이 바로 이것이
다. "진리를 알지니 진리가 너희를 자유롭게 하리라"(요 8:32).

현대 여성 해방운동이나 페미니스트 운동은 , 개인의 자유와 성취
에 대한 터무니없는 약속들을 실천하려다 실패한 경우가 많다. 그러

11장 루디아: 믿음의선물

215

나 진정한 개인의 성취는 성경에서 중생이라 부르는, 거룩하게 주도된 일을 통해 영적인 죽음에서 영원한 생명으로, 사단의 영역에서 하나님의 나라로 변화되는 것을 통해서만 올 수 있다. "영접하는 자 곧 그 이름을 믿는 자들에게는 하나님의 자녀가 되는 권세를 주셨으니"(요 1:12~13, 3:3~8 참조).

루디아는 신약에 나오는 여인으로, 온전함을 느끼기 위해 페미니스트 운동과 같은 것을 필요로 하지 않았다. 오히려 처음으로 유럽에서 회심한 이방인으로 기록된 그녀는 진정으로 해방된 여인이었고, 사도 바울이 말한 진리를 알게 되었다. "이는 그리스도 예수 안에 있는 생명의 성령의 법이 죄와 사망의 법에서 너를 해방하였음이라"(롬 8:2).

루디아를 향한 믿음의 길

루디아 이야기는 〈사도행전〉에서 사도 바울의 2차 선교여행(실라, 디모데, 누가와 함께한 여행)을 언급할 때 나온다. 그 후 선교여행 팀은 바울이 이전에 세운 교회들을 방문하며 가르쳤다(행 15:40~16:5). 바울과 그의 동역자들은 성령에 의해 드로아로 가라는 지시를 받게 되었다. 그동안 그들에게는 모든 사역의 문이 닫혀 있었다(행 16:6~8).

소위 말하는 바울의 마게도냐 환상, "마게도냐로 건너와서 우리를 도우라"(행 16:9)에 대한 반응으로, 선교사들은(그리스의 본토에 있는) 마게도냐로 갔다. "하나님이 저 사람들에게 복음을 전하라고 우리를 부르신 줄로 인정함이러라"(행 16:10). 누가는 그들이 마게도냐로 가는 길을 상세히 기록하였다. "우리가 드로아에서 배로 떠나 사모드라게로 직행하여 이튿날 네압볼리로 가고 거기서 빌립보에 이르니 이는 마게도냐 지방의 첫 성이요 또 로마의 식민지라 이 성에서 수일을 유하다가"(행 16:11~12). 빌립보는 마세돈(알렉산더 대왕의 아버지)의 필립 2세의 이름에서 온 것으로, 유명한 로마의 길인 이그나티우스 대로(Egnatian Way)의 동쪽 종착지였다.

바울과 그의 친구들은 첫 며칠을 도시에서 지낸 후, 새로운 장소의 회당에서 일반적인 전도 방식으로 첫 복음 전파를 시작하였다. 그가 이렇게 했던 것은 유대인 선생으로 기꺼이 환영을 받았기 때문이었다. 그리고 유대인 중에 그리스도께로 회심하는 사람들이 있다면 그는 이방인에게 복음을 전하는 데 더 도움이 될 것이었다. 그러나 정통 회당에서는 집안의 가장인 유대인 남자가 최소 10명이 필요했고, 분명 빌립보의 유대인 공동체에는 회당을 형성할 만큼 사람이 충분하지 않았다. 따라서 선교사들은 유대인과 다른 형식의 예배에 모이는 하나님을 경외하는 자들을 찾았다. "안식일에 우리가 기도할 곳이 있을까 하여 문 밖 강가에 나가 거기 앉아서 모인 여자들에게 말하는데"(행 16:13).

바울의 팀이 강가에 모인 여자들밖에 못 찾았다는 것은 당시 빌립보에 유대인 인구가 얼마나 적었는지를 보여준다. 여자들은 구약 율법을 읽고, 논의하고, 기도하기 위해 모였다. 그러나 그들에게는 모임을 인도하거나 가르치는 사람이 없었다. 따라서 당연히 여자들은 바울처럼 여행 중인 랍비에게 가르침을 받는 것을 큰 특권으로 여겼다.

성령의 영감을 받아 〈사도행전〉을 기록한 누가는 여자들 중 한 명을 꼽았다. "두아디라 시에 있는 자색 옷감 장사로서 하나님을 섬기는 루디아라 하는 한 여자가 말을 듣고 있을 때 주께서 그 마음을 열어 바울의 말을 따르게 하신지라"(행 16:14).

"루디아"는 그녀 개인의 이름이 아니라 오히려 사업상의 이름이었을 것이다. 그녀의 고향인 두아디라성은 로마의 루디아 지방에 있었기 때문이다. 따라서 그녀는 아마도 "루디아 댁(여인)"으로 알려져 있었을 것이다.

요한계시록에서 언급된 일곱 교회 중의 한 교회인 두아디라는(계 2:18~29), 고대에 자주색 염료와 염색된 제품들을 제작하는 곳이었다. 그러한 염료는 뿔고둥 조개나 꼭두서니 식물로부터 얻은 것으로 아주 값비싸, 왕실이나 부자들이 입는 자주색 의복에 사용되었다. 따라서 자주색 직물 판매는 아주 이윤이 높은 것이었다. 루디아의 저택에는 선교사들(행 16:15)과 빌립보의 신생 교회(행 16:40)를 위한 공간이 있었고, 이는 그녀가 아주 부유했다는 것을 나타낸다.

루디아의 마음을 사로잡은 믿음

루디아의 회심과 관련된 세 가지 중요한 면이 있다. 사도행전 16장 14절에는 그녀를 "하나님을 섬기는 루디아"라고 하였다. 이는 그녀가 이미 이스라엘의 하나님을 믿었다는 말이다(그러나 유대교로 완전히 개종하지는 않았다). 그러한 것을 추구한 것이 영적인 해방을 향한 루디아의 첫 걸음이었다.

그러나 모든 죄인처럼, 그녀는 하나님께서 그녀를 찾으실 때까지는 진정으로 하나님을 구한 것이 아니었다. 예수께서는 그를 따르는 무리에게 말씀하셨다. "나를 보내신 아버지께서 이끌지 아니하시면 아무도 내게 올 수 없으니"(요 6:4; 롬 3:11 참조).

사람들은 때로 복음을 전혀 들어보지 못한 사람들의 영원한 운명에 대해 궁금해한다. 그러나 고넬료와 에티오피아의 내시처럼, 루디아의 회심은 하나님을 부지런히 찾는 자들에게 그분이 복음을 드러 내신다는 것을 보여준다. "아버지께서 내게 주시는 자는 다 내게로 올 것이요 내게 오는 자는 내가 결코 내어 쫓지 아니하리라"(요 6:37).

루디아는 또한 바울이 전한 복음의 메시지를 "듣고 있었다"(행 16:14). 안타깝게도 오늘날 많은 사람은 다메섹 도상에서의 바울의 동료들처럼 복음의 소리는 듣지만 말씀하고 계신 하나님을 실제로 는 이해하지 못하고 있다는 것이다(행 22:9).

그리스도께서는 유대인 지도자들에게 복음의 마음 문을 닫은 다 른 사람들이 왜 하나님의 말씀을 듣지 못하는지 단호히 말씀하셨다.

어찌하여 내 말을 깨닫지 못하느냐 이는 내 말을 들을 줄 알지 못함이 로다 너희는 너희 아비 마귀에게서 났으니 너희 아비의 욕심대로 너 희도 행하고자 하느니라 그는 처음부터 살인한 자요 진리가 그 속에 없으므로 진리에 서지 못하고 거짓을 말할 때마다 제 것으로 말하나 니 이는 그가 거짓말쟁이요 거짓의 아비가 되었음이라 내가 진리를 말하므로 너희가 나를 믿지 아니하는도다(요 8:43~45; 마 13:11~17).

그러나 루디아는 그녀의 친구들과 강에서 바울이 선포한 진리를 들을 때 귀가 어둡지 않았다. 그녀는 믿음을 가지고 들었다. 왜냐하면

"주께서 그 마음을 열어 바울의 말을 따르게 하셨기"(행 16:14) 때문이었다.

　루디아가 복음에 대해 믿음으로 충만한 반응을 보인 것은 하나님께서 구원에 절대적인 주권을 가지고 계신다는 진리를 확인시켜준다. 그 사실은 이미 바울의 1차 선교여행 중 비시디아 안디옥에서 놀랍게 보여주었다. "이방인들이 [복음을] 듣고 기뻐하여 하나님의 말씀을 찬송하며 영생을 주시기로 작정된 자는 다 믿더라"(행 13:48). 만일 하나님께서 사람들의 마음을 열지 않으시고 그분에게로 사람들을 이끌지 않으시면, 어느 누구도 구원받을 수 없을 것이다.

루디아의 믿음의 실재

루디아의 회심 이후, 그녀는 자신의 믿음과 마음이 진정으로 변화되었음을 분명하게 보여주었다. 첫째로, 그녀는 세례를 받으라는 주님의 명령에 순종하였다. 이는 아마도 기도하는 장소 근처에 있는 강에서 행해졌을 것이다. 세례의 행위는 한 사람이 그리스도와 그분의 사람들과 동일시되고 있음을 보여주는 것이나, 그것 자체가 구원을 가져다주는 역할을 하는 것은 아니다.

다음으로, 루디아는 선교사들을 성심껏 대접하였다. 누가는 무슨 일이 있었는지를 기술한다. "만일 나를 주 믿는 자로 알거든 내 집에 들어와 유하라"(행 16:15).

고대 사회에서 그리스도인의 대접은 아주 중요했는데, 대부분의 여관은 그리스도인들이 묵기에 적합하지 않았다. 그러한 곳들은 대개 더럽고, 안전하지 않고, 비싸고 때로는 매춘 장소보다 더 나을 바가 없었다. 당시 그리스도인 여성들은 여행객에게 그들이 따뜻하게 대접받고 거룩한 교제와 가족생활을 경험할 수 있는 그리스도인의 집에 묵도록 제안하는 것이 중요했다.

말씀에서는 모든 신자가 대접해야 한다고 명령한다. "형제 사랑하기를 계속하고 손님 대접하기를 잊지 말라 이로써 부지중에 천사들을 대접한 이들이 있었느니라"(히 13:1~2; 마 25:34~40; 롬 12:13; 벧전 4:9 참조). 루디아가 바울과 그의 동역자들에게 정성스럽게 대접을 한 것은 그녀의 새로운 믿음이 순종하는 믿음이었다는 증거였다.

루디아가 대접한 것뿐 아니라, 그녀는 예수 그리스도 안에서 믿음을 가짐으로 자유롭게 된 모든 사람 — 남자들과 여자들의 — 특징을 갖고 있었다. 그리고 그녀는 하나님을 찾고, 복음을 듣고, 복음의 메시지에 믿음으로 반응할 수 있도록 하나님께서 열어주신 마음을 가짐으로 영적인 해방의 길을 택하였다. 루디아의 길을 따르는 사람은 누구라도 실망하지 않을 것이다. 왜냐하면 하나님께서는 예레미야 29장 13절에서 약속하셨기 때문이다. "너희가 온 마음으로 나를 구하면 나를 찾을 것이요 나를 만나리라."

루디아
: 믿음의 선물

요약하기

루디아의 삶은 복음의 신성한 힘에 의해 죄와 죽음에서 진정으로 자유롭게 된 사람의 간명(簡明)한 말씀의 예이다.

생각하기

1. 현대 여성 운동에 대한 당신의 의견과 그것이 사회를 위해 잘한 것은 무엇인가? 해가 된 것은 무엇인가?
2. 기회의 문이 닫혀진 것이 당신에게 다른 어떤 경우보다도 더 나은 기회가 되었던 적이 있는가? 그 경험을 통해 무엇을 배웠는지를 말하라.

대답하기

1. 개인의 성취에 대한 참된 근원은 무엇인가(요 1:12~13, 8:32)?
2. 성령께서 바울과 동료들에게 사역하라고 한 그리스 지방은 어디인가?
3. 빌립보로 통하는 유명한 로마의 길은 무엇인가?
4. 회당을 구성하기 위해 기본적으로 요구되는 것 중 하나는 무엇이었는가? 다른 형태의 예배는 무엇이었는가(행 16:13)?
5. "루디아"는 여성의 실제 이름이었는가? 만일 그렇지 않다면, 왜인가?
6. 두아디라의 유명한 상품은 무엇이었는가? 그 원재료는 무엇이었는가?
7. 복음 메시지에 대해 루디아의 회심이 보여주는 것은 무엇인가(요 6:37)?
8. 루디아의 반응이 증명하는 구원의 교리에 대한 다른 진리는 무엇인가?
9. 초대교회 시대에 그리스도인의 대접이 그토록 중요한 이유는 무엇이었는가?

기도하기

주님이 은혜와 자비하심으로 당신을 죄의 속박에서 해방시켜 주셨음을
감사드리라. 믿지 않는 친구나 가족을 위해 더 열심히 기도하라. 하나님
께 루디아가 했던 것처럼 그들의 마음이 믿음으로 반응할 수 있게 해달라
고 구하라.

진리 적용하기

세례를 받고 접대를 하는 것에 순종하는 것은 모든 그리스도인에게 중요
하다. 만일 당신이 그 영역들에서 주님의 명령을 따를 필요가 있다면, 그
렇게 하기 위한 실제적인 단계들을 밟기 시작하라. 만일 지금 당신의 상
황에서 어떤 것도 적용되지 않는다면, 당신의 교회 안팎에서 당신의 믿음
을 보일 수 있는 또 다른 실제적인 방법을 찾아보라.

TIMOTHY
: A Faithful Spiritual Servant

12장

디모데: 신실한 영적인 종

J.오스왈드 샌더스(Oswald Sanders)는 《영적 지도력》에서 다음과 같이 말했다. "지배적인 성향의 사람에게 진정한 지도력 자질은, 주위의 변화로 인해 자신의 일이 사라질 위기가 닥쳐도 끝까지 살아남는 방법을 보이는 것이다. 또한 신뢰를 젊은이들에게 계승해주고, 심지어 자신의 자리를 대신하게 하도록 훈련하는 것에 시간을 투자하는 것이다." 유능한 지도자는 모든 원칙을 이해하고 그것을 자신의 사역에 적용시키려 한다. 다윗이 솔로몬에게 한 것처럼, 모세도 이스라엘의 지도력을 여호수아에게 넘겼다. 하나님은 지상 사역에서 그분의 일을 이어갈 사람들을 훈련시키는 데 많은 시간을 보내셨다. 모든 그리스도인은 앞서간 사람들에게서 복음의 진리를 받았고, 그들은 그 진리를 다음 세대에 전할 책임이 있다. 특히 부

모들은 그들의 자녀에게 영적 진리를 가르쳐야만 한다. 신명기 6장 6~9절에서 모세는 이스라엘 백성들에게 그렇게 해야 한다고 책임을 지웠다.

오늘 내가 네게 명하는 이 말씀을 너는 마음에 새기고 네 자녀에게 부지런히 가르치며 집에 앉았을 때에든지 길을 갈 때에든지 누워 있을 때에든지 일어날 때에든지 이 말씀을 강론할 것이며 너는 또 그것을 네 손목에 매어 기호를 삼으며 네 미간에 붙여 표로 삼고 또 네 집 문설주와 바깥 문에 기록할지니라.

기독교 교회에서 가장 위대한 지도자로 알려진 사도 바울은 삶이 다할 때가 가까워져 오자, 그의 사역을 전수할 준비를 하였다. 그가 영감받아 기록한 마지막 세 서신서는 그의 제자인 디도와 디모데에게 보내는 것으로 영적 지도력의 바통을 넘기는 것을 가장 많이 고려하였다. 그의 사역 기간 동안 그리스도께 인도한 사람들과 제자들은 셀 수 없이 많으나, 그중 두 명이 두드러진다. 바울은 단지 그들에게만 "믿음 안에서 참 아들"이라는 친밀한 표현을 사용하였다(딤전 1:2; 딛 1:4). 그 둘 중에서 디모데가 가장 사도 바울의 마음을 분명하게 반영하였다. 그는 바울의 피후견인(protege, 나이와 경험이 더 많은 사람으로부터 일정기간 도움과 지도를 받는 사람 — 역주), 그의 영적인 아들, 지속적인 사역의 동역자였다. 바울의 지도력이 주로 영향을 미쳤던 자는 디모데였다(딤후 2:2 참조).

평판이 좋은 젊은이

디모데는 로마의 갈라디아 지방(오늘날 터키의 일부)의 작은 도시인 루스드라에서 자랐다. 그는 혼합된 인종적, 종교적 배경을 갖고 있었다. 그의 어머니는 유대인이었고, 아버지는 이방 헬라인이었다. 디모데가 바울을 만났을 때 아직 할례를 받지 않았던 것으로 보아(행 16:3), 그는 헬라 문화에서 공식 교육을 받은 듯하다. 그러나 그는 또한 독실한 어머니와 외조모에게 성경의 진리도 배웠다(딤후 1:5). 디모데의 헬라와 유대 양 문화에 대한 지식은 바울과 함께 그리스 로마 지역을 두루 다니는 그의 사역에 탁월한 자격 요건이 되었다.

〈사도행전〉에서는 디모데의 회심에 대해 자세히 기록하고 있지 않지만, 그는 바울이 1차 선교여행에서 루스드라를 방문하는 동안 그의 어머니와 외조모와 함께 회심했을 것이다(행 14:6~7). 바울은 2차 선교여행 중 루스드라를 재방문하였을 때, 디모데의 경건함에 대한 평판에 감명받았다(행 16:1~2). 디모데가 청년기였을 때(그는 아마도 10대 후반이나 20대 초반이었을 것이다), 사도 바울은 선교 팀을 저버린 마가 요한을 대신하여 그를 선택하였다.

디모데의 가족에게는 그가 바울과 합류할 것을 허락하는 것이 힘든 결정이었을 것이다. 그들은 사도 바울과 함께 여행하는 것이 얼마나 위험할지 잘 알고 있었다. 바울이 루스드라를 처음 방문했을 때, 그의 원수들은 바울에게 돌을 던졌다. 그리고 나서 바울이 죽은 줄 알고 그를 성 밖에 끌어 내쳤다(행 14:19). 유니게와 루이스는 이와 비슷한 운명이 디모데를 기다리고 있을 수 있다는 것을 알았지만, 그들은 디모데가 바울과 함께 가도록 기꺼이 허락해주었다. 이로 인해 바울의 여생에 지속될 가까운 관계가 시작되었다.

디모데는 빠르게 바울의 오른팔이 되어 주었다. 그는 바울이 떠나야만 하는 핍박이 있은 다음에도 담대히 베뢰아에 남아 있었고(행 17:13~15), 후에 아덴에서 사도 바울과 합류하였다. 그는 바울과 함께 고린도에서 사역했고(행 18:5), 그 후 마게도냐로 보냄을 받았다(행 19:22). 디모데는 바울이 예루살렘으로 돌아갈 때 함께 갔다(행 20:4). 그리고 사도 바울이 〈로마서〉(롬 16:21), 〈고린도후서〉(고후 1:1), 〈빌립보서〉(빌 1:1), 〈골로새서〉(골 1:1), 〈데살로니가전서〉(살전 1:1), 〈데살로니가후서〉(살후 1:1)와 〈빌레몬서〉(몬 1장)를 저술할 때에도 그와 함께 있었다. 그는 바울의 대리인으로 고린도(고전 4:17, 16:10; 고후 1:19), 데살로니가(살전 3:2), 빌립보(빌 2:19)에 있는 교회에 갔다.

바울 생애의 마지막에, 디모데는 에베소 교회의 목사가 되었다(딤전 1:3). 그의 마지막 영감받은 글에서, 감옥에 갇혀 사형집행을 맞게 된 나이든 사도 바울은 그의 사랑하는 친구이자 동역자에게 "너는 어서 속히 내게로 오라"고 하였다(딤후 4:9). 바울은 마지막으로 한 번 그를 보고자 할 만큼 디모데를 사랑했다. 디모데가 사랑하는 멘토가 죽기 전에 로마로 향했는지는 알려진 바 없다.

디모데의 이후의 삶에 대해서도 확실하게 알려진 것은 거의 없다. 바울처럼, 그 또한 그리스도로 인하여 투옥되었고, 그에 관한 신약의 마지막 기록에서 디모데가 감옥에서 풀려났다고 하였다(히 13:23). 투옥에 대해서는 자세히 언급되지 않았지만, 아마도 그는 로마에서 바울을 방문한 이후에 잡혔을 것이다(딤후 4:11, 21, 4:14~15 참조).

구전에 의하면, 디모데는 에베소에서 다이아나 여신에게 예배하는 것에 반대하여 1세기 말에 순교를 당했다. 바울처럼 디모데는 "선한 싸움을 싸우고", "달려갈 길을 마치고", "믿음을 지켰다"(딤후 4:7). 왜냐하면 그는 "우리가 시작할 때에 확신한 것을 끝까지 견고히 잡았기"(히 3:14) 때문이다.

디모데는 모든 그리스도인이 따라야 할 신실함의 모델이다. 그의 삶을 통해 드러난 여러 가지 원칙들은 단지 지도자들의 믿음의 특징이 아니라 예수 그리스도의 진정한 종의 것이 되어야 한다.

가치가 증명된 사람

사도 바울이 빌립보 교인들에게 보낼 서신을 기록하려고 준비할 때, 그는 문제를 맞게 되었다. 빌립보 교회는 그의 개인적인 관심을 절대적으로 필요로 하는 쟁점들이 있었다(빌 1:27, 2:1, 3:2, 18, 4:2 참조). 그러나 안타깝게도 사도 바울은 로마 감옥에 있어서 빌립보에 갈 수가 없었다. 그는 다른 대안이 없어서, 그를 대신하여 다른 누군가를 보내기로 결정했다. 그러한 중요한 임무를 위해 선택한 사람은 누구였을까? 그는 빌립보서 2장 19절에 "내가 디모데를 속히 너희에게 보내기를 주 안에서 바람은"이라고 기록하였다. 바울은 "이는 뜻을 같이하여 너희 사정을 진실히 생각할 자가 이밖에 내게 없음이라"(빌 2:20)는 논리 하에 디모데를 선택하였다.

디모데는 바울의 특성을 반영하여, 바울의 사랑을 전하고, 바울의 메시지를 나누며, 빌립보 교인들이 요구하는 교리적 명료화, 실제적인 하나됨, 핍박을 견딜 힘을 갖도록 돕는 일을 해야 했다. 빌립보 교인들이 디모데를 잘 알고 있었어도, 바울은 그들이 디모데를 받아들였는지를 확실히 해두고 싶었다. 따라서 바울은 빌립보서 2장 20~23절에서 디모데가 그를 대신하기에 아주 적합한 사람이 되고 오늘날 모든 그리스도인의 역할 모델이 되는 일곱 가지 진실을 열거하였다.

올바른 본을 선택한 디모데

오늘날의 사람들, 특히 젊은이들은 그들이 선택해야 할 역할 모델이 너무도 다양하다. 어떤 사람들은 대중적인 운동선수를, 또 어떤 사람들은 유명한 영화배우를, 또 어떤 사람들은 여전히 그들이 좋아하는 음악가나 교사를 본받는다. 그러나 디모데는 최고의 모델을 선택했는데, 바로 사도 바울이었다. 디모데는 바울을 아주 가깝게 따름으로 그 자신만이 사도와 "뜻을 같이하는" 자가 되었다(빌 2:20). 헬라어에서 '뜻을 같이하다(kindred spirit)'라는 말은 '동등한(equal)'과 '혼(soul)'이라는 단어의 합성어이다. 디모데는 바울과 혼과 영이 하나였다. 그는 바울이 생각하는 것처럼 생각했고, 바울이 행하는 것처럼 행했고, 바울이 느끼는 것처럼 느꼈다. 디모데후서 3장 10절에서 바울은 디모데가 "나의 교훈과 행실과 의향과 믿음과 오래 참음과 사랑과 인내"를 따랐다고 하였다.

디모데가 바울과 같았던 정도는 대단하다. 바울은 고린도 사람들

234

에게 "나를 본받는 자"(고전 4:16)가 되라고 권고하였다. 그 후 고린도 전서 4장 17절에서 "이로 말미암아 내가 주 안에서 내 사랑하고 신실한 아들 디모데를 너희에게 보내었으니 그가 너희로 하여금 그리스도 예수 안에서 나의 행사 곧 내가 각처 각 교회에서 가르치는 것을 생각나게 하리라"고 더하였다. 디모데는 바울을 그대로 따랐기 때문에 그를 보내는 것은 바울 자신이 가는 것과 같은 것이었다.

이러한 디모데의 행동은 제자화의 궁극적인 목적이다. 예수께서는 누가복음 6장 40절에서 말씀하셨다. "무릇 온전하게 된 자는 그 선생과 같으리라." 디모데는 바울과 비슷한 생각, 자질, 열정을 가지고 있어서 바울의 사랑을 받았다. 따라서 사도 바울은 그가 궤도에 올랐다고 여겼다. 그가 디모데에게 보낸 영감받은 두 개의 서신들은 아버지로서의 권고들로 가득하다(딤전 1:3, 18~19, 3:15, 4:6~8, 11~16, 5:21~23, 6:11~14, 20~21; 딤후 1:6, 13~14, 2:1~7, 14~16, 22~26, 3:10, 14). 바울이 사랑하는 믿음의 아들에게 보낸 마지막 권고는 특히 강렬하고 힘이 있다.

하나님 앞과 살아 있는 자와 죽은 자를 심판하실 그리스도 예수 앞에서 그가 나타나실 것과 그의 나라를 두고 엄히 명하노니 너는 말씀을 전파하라 때를 얻든지 못 얻든지 항상 힘쓰라 범사에 오래 참음과 가르침으로 경책하며 경계하며 권하라 때가 이르리니 사람이 바른 교훈을 받지 아니하며 귀가 가려워서 자기의 사욕을 따를 스승을 많이 두고 또 그 귀를 진리에서 돌이켜 허탄한 이야기를 따르리라 그러나 너는 모든 일에 신중하여 고난을 받으며 전도자의 일을 하며 네 직무를 다하라(딤후 4:1~5).

사도 바울은 궁극적으로 모든 그리스도인이 따라야 할 사람으로서의 역할 모델이다(고전 4:16, 11:1; 살전 1:6 참조). 솔직히 자신의 삶과 사역에 그처럼 깊은 영향력을 미친 사람은 없다. 나에게 있어서 바울은 예수 그리스도처럼 죄없는 완벽함을 가지지는 않았지만, 능력 있는 그리스도인으로서 죄에 대해 이기고 주님께 유용하게 쓰임받은 사람으로서의 모델이 된다. 디모데는 사도 바울을 그가 따라야 할 본으로 선택함으로 모든 그리스도인이 따라야 할 본이 누구인지를 제시하고 있다.

긍휼한 마음을 가진 디모데

디모데가 그의 멘토와 특히 비슷했던 면 중의 첫 번째는 다른 사람들에 대해 동정 어린 관심을 가졌다는 것이다. 바울은 빌립보 교인들에게 디모데가 "너희 사정을 진실히 생각할 자"라는 점을 상기시켜 주었다(빌 2:20). 그 관심은 바른 것으로써, 형식적이거나 위선적이거나, 자신을 위한 것이 아니었다. 바울처럼 디모데는 이렇게 말할 수 있었다. "내가 구하는 것은 너희의 재물이 아니요 오직 너희니라"(고후 12:14). 그는 바울이 고린도후서 11장에서 표현했던 것처럼 다른 신자들의 사정에 대해 그들과 동일한 부담감을 가졌다.

바울은 그가 겪은 모든 육체적 고난을 열거한 후에(고후 11:23~27), 이렇게 기록하였다. "이 외의 일은 고사하고 아직도 날마다 내 속에 눌리는 일이 있으니 곧 모든 교회를 위하여 염려하는 것이라"(고후 11:28). 디모데는 바울이 앞서 빌립보서 2장에 기록한 것의 산 표본이었다. "아무 일에든지 다툼이나 허영으로 하지 말고 오직 겸손한 마음으로 각각 자기보다 남을 낫게 여기고 각각 자기 일을 돌볼 뿐더러 또한 각각 다른 사람들의 일을 돌보아 나의 기쁨을 충만하게 하라" (빌 2:3~4; 롬 12:10 참조).

빌립보서 2장 20에 '생각하다(concerned)'라고 번역된 헬라어 단어는 일반적으로 '염려하다' 또는 '걱정하다'라는 뜻이다. 디모데는 빌립보 교인들의 사정에 대해 심히 마음이 무거웠다. 그리고 그들의 상처와 필요에 대해 깊이 느꼈다. 그런데 바울은 신자들에게 "아무 것도 염려하지 말고"(빌 4:6)라고 가르치면서, 왜 디모데를 염려하고 있는 사람이라며 추천했던 것일까? 심지어 이 구절에서 '생각하다

(concerned)'로 번역된 같은 단어를 사용하면서 말이다. 그 차이는 불안의 대상이 어디에 있느냐에 달려 있다. 빌립보서 4장 6절에서 말하는 불안과 염려는 한 사람의 처지에 대한 것인 반면, 빌립보서 2장 20절에서는 다른 사람들의 영적인 상태와 필요에 대해 염려하며 생각한다는 것이다. 다른 사람들의 짐과 필요에 대한 디모데의 긍휼, 동정심, 유순함, 관심은 예수 그리스도의 참된 종 모두에게도 있어야 하는 것이다.

옳은 것에 초점을 맞춘 디모데

바울은 이 점에 대해 대조의 형식을 사용하였다. 빌립보서 2장 21절에서 그는 "그들[디모데를 제외하고 그와 함께 로마에 있던 모든 사람]이 다 자기 일을 구하고 그리스도 예수의 일을 구하지 아니하되"라며 탄식하였다. 그들은 자신의 관심거리에만 몰두하였다. 그러나 디모데는 예수 그리스도의 것에 몰두하였다. 바울이 그들에게 보였던 헌신적인 예가 있는데도 불구하고 그를 따르는 너무도 많은 사람(그의 가까운 동역자들 가운데는 로마를 떠나 다른 곳에서 사역하고 있었던 것은 분명하다)이 자기중심적이었다는 것은 놀라운 일이다. 심지어 바울이 투옥된 것도 그들을 자기중심성에서 빠져 나오도록 흔들어 놓기에는 충분하지 않았다.

바울의 마지막 서신서에서 그가 필요로 할 때 자신을 저버렸던 이기적인 사람들에 대해 언급할 때는 슬픔과 비애가 묻어나온다. 그는 디모데에게 기록하였다. "아시아에 있는 모든 사람이 나를 버린 이일을 네가 아나니"(딤후 1:15). 그는 그 서신의 후반부에 슬픈 어조로 기록하였다. "내가 처음 변명할 때에 나와 함께한 자가 하나도 없고 다 나를 버렸으나"라고 하며 더하기를 "그들에게 허물을 돌리지 않기를 원하노라"(딤후 4:16)고 하였다. 아마도 무엇보다도 가장 비극적인 것은, 바울이 "데마는 이 세상을 사랑하여 나를 버리고 데살로니가로 갔고"(딤후 4:10)라고 묘사한 부분일 것이다.

모든 목회자는 데마와 같은 이유로 마음을 아프게 하는 사람들을 알고 있다. 나는 사역 초기에 1년간 한 남자와 정기적으로 만나서, 그와 함께 기도하고, 제자화하고, 상담해주었다. 그런데 그 시간이 끝나자 그는 교회를 떠났고, 그의 가족을 버렸고, 믿음을 부인했다. 심지어 주 예수 그리스도도 자신이 붙잡혔을 때, "제자들이 다 예수를 버리고 도망하니라"(마 26:56)고 하는 상황에 대해 갖게 되는 실망감에는 면역력이 생기지 않으셨다. 그리고 예수님의 사도들 중 한 사람이었던 배신자 유다가 그분을 붙잡히도록 만들었다.

그러나 디모데는 나머지 사람들과 같지 않았다. 디모데만이 바울과 "뜻을 같이 하였다(kindred spirit)." 위대한 사도로서의 특성을 갖게 하는 그리스도께 디모데만 바울과 같은 한 마음으로 헌신했음을 보여주었다. 안타깝게도 이러한 사람들이 극히 적지만, 그들은 사역하는 대상에게 큰 기쁨을 가져다준다. 방관자들로 가득 찬 교회 내에서 디모데와 같이 한 마음을 품은 사람은 차이를 가져온다.

일관성을 가진 디모데

일관성은 어느 그리스도인에게라도 아주 중요한 것이고 특히 지도자들에게는 없어서는 안 될 것이다. 디모데는 일관성이 있었다. 바울이 빌립보 교인들에게 "디모데의 연단(proven worth)을 너희가 아나니"(빌 2:22)라고 하였다. '연단'은 헬라어로 '시험을 받은 후에 인정됨'이라는 뜻이다. 디모데의 시험은 학문적인 것이 아니라, 섬김, 환란, 고생의 시험이었다.

디모데가 빌립보에서 이전에 했던 사역은 영적인 자질과 성숙함을 확실히 보여주는 것이었다. 그는 빌립보 교회의 탄생을 목격하였다(행 16:12 이하). 사도행전 19장 22절에는 바울이 앞으로의 사역을 위해 그를 마게도냐로 보낸 것이 기록되어 있다. 빌립보는 마게도냐 내에 있었기 때문에, 디모데는 당연히 그 도시에서 많은 시간을 보냈다. 따라서 빌립보 교인들은 그의 연단(proven worth)을 직접적으로 알고 있었다.

그의 연소함에도 불구하고, 디모데는 사역의 베테랑이었고 주님이 그의 교회를 이끌도록 선택하신 사람이었다. 디모데전서 3장 6절에 의하면 장로는 이러한 사람이어야 했다. "새로 입교한 자도 말지니 교만하여져서 마귀를 정죄하는 그 정죄에 빠질까 함이요." 이처럼 집사도 다음과 같아야 했다. "이에 이 사람들을 먼저 시험하여 보고 그 후에 책망할 것이 없으면 집사의 직분을 맡게 할 것이요"(딤전 3:10). 디모데처럼 모든 신자는 매일 삶의 도가니 가운데에서 그들의 믿음을 입증하려고 노력해야 한다.

겸손한 디모데

디모데는 로마에서 자기중심적으로 말씀을 전파하는 자들과는 대조를 이루었다. 그들은 "투기와 분쟁으로, … 그리스도를 전파하나니 이들은 내[바울]가 복음을 변증하기 위하여 세우심을 받은 줄 알고 사랑으로 하나 그들은 나의 매임에 괴로움을 더하게 할 줄로 생각하여 순수하지 못하게 다툼으로 그리스도를 전파"하였다(빌 1:15~17). 이와는 정반대로, 그는 "자식이 아버지에게 함같이 나와 함께 복음을 위하여 수고"하였다(빌 2:22). 그는 사도이자 디모데의 영적인 아버지였음에도 불구하고, 그의 겸손함으로 인해 자신을 주인처럼, 디모데를 종처럼 보지 않았다. "디모데는 나를 섬겼다", 또는 "디모데는 나의 명령 하에 섬겼다"라고 하지 않고 "그는 나와 함께 수고하였다"라고 하는 것에 주목하라. 디모데는 그의 겸손함으로 인해 아버지를 공경하고 존경하여 기꺼이, 사랑을 가지고 순복하는 아들로서 바울을 섬겼다. 바울이 여기에서 '그가 택한 아들'이라고 하면서 사용한 용어는 유전적인 용어가 아니라, '어린아이'라는 총애의 의미가 담긴 용어이다.

디모데는 바울을 자신을 사랑하고 존경하는 아버지와 함께 있는 아들로 여겼기 때문에 자신의 비교대상으로는 꿈에도 생각지 않았다. 하나님께서 모든 그리스도인이 이렇게 되도록 도우시기를 바란다. "형제들아 우리가 너희에게 구하노니 너희 가운데서 수고하고 주 안에서 너희를 다스리며 권하는 자들을 너희가 알고"(살전 5:12~13). 이렇게 할 때 지도자들은 사람들을 이렇게 섬길 것이다. "즐거움으로 이것을 하게 하고 근심으로 하게 하지 말라"(히 13:17). 이 중요한 성경적 원칙을 따를 때 많은 문제 있는 교인들에게 치유를 가져올 수 있을 것이다.

희생의 삶을 산 디모데

독일의 신학자 디트리히 본회퍼(Dietrich Bonhoeffer)는 《제자의 희생*The Cost of Discipleship*》에서 "그리스도께서 사람을 부르실 때,

그분에게 와서 죽으라고 명하신다 … 자신은 은혜로만 의롭게 되었다고 말할 권리가 있는 사람만이 그리스도를 따르기 위해 모든 것을 뒤로 하는 사람이다"라고 기록하였다.

디모데는 그러한 사람이었다. 그는 예수님 말씀의 심각성을 분명히 이해했다. "아무든지 나를 따라오려거든 자기를 부인하고 날마다 제 십자가를 지고 나를 따를 것이니라"(눅 9:23). 디모데는 여느 젊은이들처럼 자신의 삶에 대한 계획을 갖고 있었다. 그러나 바울이 사역을 위해 그를 선택했을 때 디모데는 모든 것을 기꺼이 포기했다. 그러고 나서 예수 그리스도의 복음을 전파하는 데 그의 여생을 바쳤다.

초대교회의 많은 사람처럼, 디모데의 희생에는 투옥과 순교가 포함되어 있었다. 오늘날 대부분의 그리스도인에게는 예수 그리스도께 충성한다는 이유로 디모데처럼 큰 대가 지불을 하지 않는다. 그러나 우리는 우리의 믿음을 위해 고난을 받아야 한다. 바울은 신자들에게 "우리가 하나님의 나라에 들어가려면 많은 환난을 겪어야 할 것이라"(행 14:22)고 말하였다. 그는 빌립보 교인들에게 "그리스도를 위하여 너희에게 은혜를 주신 것은 다만 그를 믿을 뿐 아니라 또한 그를 위하여 고난도 받게 하려 하심이라"(빌 1:29)고 기록하였다. 그리고 바울은 디모데에게 "너는 그리스도 예수의 좋은 병사로 나와 함께 고난을 받으라"(딤후 2:3)라고 권고하였다.

고통과 어려움이 없는 그리스도인의 삶은 성경의 지지를 받지 못하는 소위 기복신앙(health and wealth gospel)을 퍼뜨리는 사람들의 거짓된 약속이다. 욥에서 예레미야(눈물의 선지자)에 이르러 예수 그리스도(간고를 많이 겪었으며 질고를 아는 자)까지 이르는 경건한 사람들은 고통과 고난을 경험하였다. 청교도인인 존 트랩(John Trapp)의 《청교도 보고(寶庫)*A Puritan Golden Treasury*》에서, "죄가 없는 자는 하나님의 아들뿐이었지만, 슬픔이 없는 자는 아무도 없다"라고 기록하였다. 에이미 카마이클(Amy Carmichael)은 《금줄*Gold Cord*》에서 이렇게 기록하였다.

너는 흉터가 없느냐?
손발과 옆구리에 숨은 흉터가 없느냐?
현지인들이 너를 훌륭하다고 말하고
밝게 뜨는 네 별을 환호하는 소리 들린다마는
너는 흉터가 없느냐?
너는 상처가 없느냐?
나는 활 쏘는 자들에게 상하여 지쳤고
나무에 달려 죽었거늘,
에워싸는 사나운 짐승들에게 찢겨 기절하였거늘

너는 상처가 없느냐?

상처가 없느냐? 흉터가 없느냐?

좋은 주인과 같아야 하고

나를 따르는 발들을 찔려 있건만

네 발은 성하구나, 상처도 흉터도 없는 자가

나를 멀리까지 따를 수 있겠느냐?

당신은 디모데처럼 소망, 꿈, 계획들을 당신의 주인을 위해 기꺼이 희생하겠는가? 당신은 더 숭고한 그분의 계획을 기꺼이 받아들이겠는가?

유용했던 디모데

그리스도로 인해 모든 것을 기꺼이 희생하는 사람은 남다른 유용성(有用性)을 보일 것이다. 바울은 빌립보 교인들에게 말할 때 디모데의 유용성을 언급하였다. "그러므로 내가 내 일이 어떻게 될지를 보아서 곧 이 사람을 보내기를 바라고"(빌 2:23). 그는 항상 유용했고, 항상 쓰임받을 준비가 되어 있었다. 신약에서 그가 자신의 안건을 가지고 나타난 적은 한 번도 없었다. 그는 항상 자신을 필요로 할 때면 언제, 어디에서든 기꺼이 섬겼다.

디모데가 이곳저곳으로 이동함으로 인해 지속적으로 관계를 모질 게 해야 하는 것이 분명히 힘든 것이었다. 휴대전화나 이메일이 없던 시대에, 그는 자신의 소중한 사람들에게 몇 달간, 심지어 한 때는 몇 년간이나 연락을 취할 수도 없었다. 그러나 디모데는 자신의 안락함을 고려하지 않았다. 그와 가까운 사람들과 함께 시간을 보내든지 아무도 알지 못하는 새로운 환경 가운데 처하든지 그에게는 문제가 되지 않았다. 그의 관심사는 오로지 자신을 부르신 사명을 완수하는 것이었다.

어떻게 당신의 삶을 디모데의 삶과 같이 되게 하겠는가? 당신을 아는 사람들이 당신에 대해 좋게 말하는가? 당신은 가치가 증명된 사람인가? 당신은 어떤 본을 따르는가? 당신의 초점은 어디에 맞추어져 있는가? 당신의 삶은 일관성이 있는가? 당신은 겸손한가? 예수 그리스도를 위해 최근에 희생한 것은 무엇인가? 믿음의 발자취를 따르고, 언제, 어떻게, 어디에서나 그분이 당신에게 요구하는 대로 섬길 수 있는가?

디모데
: 신실한 영적인 종

요약하기

디모데의 삶에서 사도 바울을 모델로 삼고 따른 그의 신실함은 모든 그리스도인이 따를 본이 된다.

생각하기

1. 일터에서, 가정에서, 교회에서 신실함의 중요성에 대해 논하라. 그러한 영역에서 신실함이 부족할 때 발생하는 문제는 무엇인가? 사람들을 신실하지 못하도록 하는 압력들은 무엇인가?
2. 당신의 삶에 가장 큰 영향력을 미친 사람은 누구인가? 그의 삶의 어떠한 부분이 당신에게 영향을 미쳤는가?

대답하기

1. 다른 사람들에게 성경적 진리를 전수하는 것이 왜 중요한가?
2. 바울이 영감받은 마지막 세 개의 서신을 디모데와 디도에게 기록한 이유를 설명하라.
3. 문화와 인종이 혼합된 디모데의 배경이 어떻게 바울과 함께 사역하기에 적합했는지를 논하라.
4. 왜 바울은 그와 함께 사역하는 데 디모데를 택했는가?
5. 디모데가 바울을 대신해서 행할 수 있는 자질은 무엇이었는가?
6. 빌립보 교인에 대한 디모데의 염려와 바울이 빌립보서 4장 6절에서 버리라고 한 염려의 차이를 설명하라.
7. 디모데와 로마에서의 바울의 다른 동역자들과의 차이는 무엇인가(빌 2:19~21)?

8. 빌립보 교인들은 어떻게 디모데가 일관성 있는 사람인지 알았는가?

9. 왜 새로 입교한 자는 교회의 장로가 될 수 없는가?

10. 바울을 향한 디모데의 태도와 바울이 빌립보서 1장 15~17절에서 언급한 말씀 선포자들의 태도를 대조해보라.

11. 디모데는 바울과의 관계에서 그의 겸손함을 어떻게 표현했는가?

12. 디모데가 바울을 섬기기 위해 희생한 것들을 열거해보라.

13. 그리스도인은 환난이나 고난이 없을 것이라고 기대해야 하는가?

기도하기

그리스도인들이 그들의 믿음을 다른 사람들, 자녀들, 그리스도께로 인도한 사람들, 교회에 있는 사람들에게 전수하는 것은 필수적인 것이다. 하나님께서 당신에게 제자화하라고 하신 사람이 누구인지 기도하는 마음으로 고려해보라.

진리 적용하기

디모데가 가치 있는 사람으로 증명되게 한 일곱 가지의 특성을 열거하고 그중 당신이 개발하기를 원하는 특성 몇 개를 골라, 기도하는 마음으로 디모데의 본을 따르기 시작하라. 당신의 삶에 필요한 변화가 일어나도록 당신을 붙잡아 줄 수 있는 믿을 만한 그리스된을 구하라.

EPAPHRODITUS
: A Model of Sacrificial Service

13장

에바브로디도 : 희생적인 섬김의 모델

유년시절부터 나는 교회사에서 진정으로 희생하는 사람들에 대해 흥미를 가졌고 강하게 끌렸다. 나처럼 그들에게 심히 매료되었거나 그들을 좋아하는 사람들은 현시대를 살았기 때문에 자신의 삶과 다른 시대의 희생적인 삶의 방식과는 큰 차이가 있음을 본다. 나는 젊었을 때 윌리엄 캐리(William Carey), 허드슨 테일러(Hudson Taylor), 데이비드 리빙스톤(David Livingston), 짐 엘리엇(Jim Elliot)처럼 그리스도를 위해 그들의 삶을 포기한 사람들의 이야기를 읽으며 많은 영향을 받았다.

그들 모두는 다른 시대에 살았거나, 우리 멋대로 하는 유복한 문화와는 근본적으로 다른 상황에서 섬겼다. 그러한 이유 때문에 그들의 희생 사역을 진정으로 인정할 필요가 있다. 오늘날 우리는 그러한 희생정신에 대해 거의 알지 못하기 때문에 과거의 위대한 선교사들이나, 우리가 신약에서 자주 간과하는 종 에바브로디도와 같은 인물에게로 돌아가야 한다.

내가 희생적인 삶에 관한 연구를 하기 위한 성경적인 최고의 모델이 에바브로디도라고 믿는 것은 우리가 가장 동일시하기 쉽기 때문이다. 세례 요한, 예수의 제자들, 바울과 디모데는 모두 하나님의 부르심을 받아, 다양한 은사를 가진 종이자 지도자로서 위대한 본이 된다. 그러나 그들의 삶과 우리들의 삶을 비교해 볼 때, 이런 결론을 내리는 경향이 있다. "그들은 필적할 만한 역할 모델들이지만, 그들은 영적인 거인들이어서 나와는 다른 사람들 같다."

그러나 에바브로디도는 평신도였다. 그는 정치가나 사도도 아니었고, 심지어 빌립보 교회의 장로였을 것이라 보이는 기록도 없다. 그의 사역은 아마도 역동적이고, 잊을 수 없거나, 세상을 흔들어놓을 만한 것은 아니었을 것이다. 따라서 그의 희생적인 섬김은 우리에게 더 교훈적이다. 왜냐하면 그는 우리 모두가 친숙한 수준에서 신실하게 섬겼기 때문이다.

우리가 성경에서 에바브로디도의 배경에 대해 직접적으로 알 수 있는 것은 아무것도 없다 ― 그의 부모, 회심의 상황들, 또는 지역 교회 내에서의 정확한 역할 등에 대해 아무것도 알 수 없다. 그는 빌립보에서 바울의 초기 회심자들 중 한 명이었을 수 있고, 바울이 교회를 개척할 때 참석한 사람일 수도 있으나, 확실하지는 않다.

신약에서 에바브로디도를 소개할 때(빌 2:25~30), 사도 바울은 로마의 수하에서 2년간 가택연금 중에 있었다. 빌립보 교회는 바울의 상황을 알게 되자 심히 힘들어하고 염려하였다. 바울이 더 이상 사역할 수 없다는 것을 알게 된 교인들은 그에게 돈을 보내고 싶었다. 그래서 그들은 희생적인 사랑의 선물을 모아 에바브로디도를 통해 바울에게 보냈다. 그러나 에바브로디도는 단지 특별헌금을 전달하는 일보다 더한 것을 하라는 요청을 받았다. 빌립보 교인들은 에바브로디도에게 바울과 함께하여 그의 개인적인 모든 필요를 도와달라고 요청하였다.

에바브로디도의 기본적인 성품

에베소 교회가 바울을 위한 특별 사역을 하는데 에바브로디도를 선택한 것은 그에게 중요한 세 가지 성품이 있었기 때문이다. 첫째로, 만일 그가 그 모임의 거룩함을 가장 잘 대표하지 않는다면, 교회는 그를 바울과 함께 가까이에서 일하라고 보내지 않았을 것이다. 왜냐하면 빌립보 교인들은 바울에게 성품이 뛰어나지 않는 사람을 보낸다면 누구라도 거절할 것임을 알았기 때문이다. 따라서 에바브로디도는 가장 고귀하고 진실한 영적인 미덕을 갖추고 예수 그리스도에 대한 깊은 사랑과 헌신을 보인 사람이었다.

또한 에바브로디도의 사명은 그가 종의 마음을 가진 사람이었다는 것을 가리킨다. 그는 빌립보 교회에서 집사와 같았기에 다른 사람을 섬기는 데 익숙하였다. 빌립보 교인들은 바울과 함께하기를 꺼려하고 사도를 온전히 섬기는 데 자신의 삶을 희생하지 않는 사람은 택하지 않았을 것이다. 그렇지 않으면 바울을 향한 그들의 사랑과 그들의 판단에 대한 신뢰가 깨질 것이었다.

마지막으로, 에바브로디도는 큰 용기를 가진 사람이었다. 왜냐하면 그는 바울에게 닥칠 위험을 정확하게 알고 있었기 때문이다. 그는 바울이 "이교"인 기독교를 로마 제국에 소개하고 있다는 것 때문에 언제고 로마인들이 그를 투옥시킬 수 있다는 것을 알았다. 그리고 만일 그들이 바울을 죽일 수 있다면, 분명히 그 곁에서 섬기고 있는 사람들 역시도 죽일 수 있는 것이었다.

바울이 에바브로디도에게 붙인 호칭

빌립보 교인들에게 보낸 바울의 서신에서, 에바브로디도의 성품에 대해 더 구체적으로 묘사하였다. "에바브로디도를 너희에게 보내는 것이 필요한 줄로 생각하노니 그는 나의 형제요 함께 수고하고 함께 군사 된 자요 너희 사자로 내가 쓸 것을 돕는 자라"(빌 2:25). 바울은 에바브로디도에게 다섯 가지 개인적인 호칭을 붙였는데, 그중 세 개는 두 사람 사이의 개인적인 관계를 고려한 것이고, 나머지 두 개는 빌립보 교회와 에바브로디도의 관계를 고려한 것이다.

바울과의 관계

무엇보다도 바울은 에바브로디도에게 "나의 형제"라는 아주 개인적인 호칭을 붙였다. 그들은 그리스도 안에서 형제였기에, 영적이고 영원한 삶에 대한 같은 근원을 나누었다. 형제를 말하는 '아델포스(adelphos)'라는 헬라어는 동지애, 우정, 애정, 서로에 대한 좋은 느낌이란 뜻이다. 따라서 바울은 에바브로디도를 믿음의 동역자로 뿐 아니라, 개인적인 친구이자 벗으로 보았다.

바울은 또한 에바브로디도를 "함께 수고하는 자(fellow-worker)"라고 하였다. 바울이 사용한 이 용어는 그와 함께 사역하며 복음을 전

253

하는 자들에게 사용하였다(롬 16:3, 9, 21; 빌 4:3; 살전 3:2 참조). 따라서 바울은 영적 삶에 더하여, 에바브로디도가 그와 함께 일반 사역에 종사하고 있음을 언급한 것이다. 바울은 에바브로디도를 하나님 나라를 확장하는 데 부지런히 돕는다고 칭찬하고 있음이 내포되어 있다.

사도 바울은 세 번째로 에바브로디도를 "함께 군사 된 자(fellow-soldier)"라고 부르며 그를 칭찬하였다. 바울은 아주 영예로운 이 헬라어 호칭을 사용하여(이는 평범한 군사를 군사령관과 동격으로 여기는 특별한 경우에 사용되었다) 에바브로디도가 그와 함께 전략가 된 자, 함께 군사령관 된 자, 또는 함께 지도자 된 자의 수준으로 승격시켰다. 이 용어를 사용했다는 것은 또한 에바브로디도가 바울과 함께 영적 전쟁 가운데 있었음을 보여주는 것이기도 하다. 그들은 이 땅의 육의 세계에 속한 원수뿐 아니라 초자연적이고 영적인 세계의 원수와 대항하여 싸우고 있었다.

빌립보 교회와의 관계

바울이 빌립보서 2장 25절에서 에바브로디도의 역할에 대해 정의 내린 것에 이어, 이제는 빌립보 교회와의 관계에 대해 더 다룬다. 교회의 시각에서 에바브로디도는 "너희 사자(your messanger)"였고, 또는 문자적으로는 "너희 사도(apostolos)"였다. 그러나 바울이 '아포

스톨로스(apostolos)'라는 헬라어를 사용한 것은 에바브로디도가 바울과 열두 제자처럼 특별하게 불리고 그리스도의 사도로 특파되었다는 의미는 아니었다. 여기서의 호칭은 더 포괄적이고 단순한 의미로 에바브로디도가 "사자"로 선택되었고 빌립보 교회에 의해 보냄을 받았다는 뜻이다.

이전에 보았듯이, 에바브로디도의 일차적인 임무는 바울에게 빌립보 교회가 보내는 금전적인 선물을 전하는 사자가 되는 것이었다. 그러나 그가 바울에게 돈 이외의 것도 가지고 갔음은 확실하다. 분명히 교회는 그에게 사랑의 메시지와 바울을 위해 기도하겠다는 약속도 함께 보냈을 것이다. 이에 더하여 빌립보 교인들은 에바브로디도를 바울의 필요를 돕는 자로 여겼기 때문에, 이것이 에바브로디도의 다섯 번째 호칭으로 언급되었다.

'돕는다(minister)'로 번역된 단어인 레이투르곤(leitourgon)은 제사장격의 종교 임무를 가리키는 것으로, 여기에서 파생된 영어 단어가 'liturgy(전례典禮)'이다. 이 말은 또한 그리스 도시 ─ 주의 특정 시민이 하는 애국의 임무를 언급할 때도 사용하는 것으로, 이는 그들의 시민들에게 유익을 주는 위대한 시 프로젝트를 담당하는 것이었다. 그렇게 희생적으로 공공의 유익을 위하는 사람들은 레이투르고이(leitourgoi)로 알려지게 되었다.

따라서 바울이 에바브로디도에게 붙인 다섯 번째 호칭은 잘 맞는 것이었다. 이 남다른 사람은 그의 집, 가족, 친구와 교회를 떠나 사도 바울의 유익을 위하여 그의 삶을 드렸다. 에바브로디도는 빌립보 교회의 종 된 사자(servant-messenger)로 사도의 일상적인 필요를 돕는 자로 바울에게 온 사람이었다.

집으로 보내진 에바브로디도

바울이 빌립보 교인들에게 에바브로디도에 대해 다섯 번의 칭찬을 하기에 앞서 그는 "에바브로디도를 너희에게 보내는 것이 필요한 줄로 생각하노니"(빌 2:25)라고 하며 그 이유를 설명하였다. "그가 너희 무리를 간절히 사모하고 자기가 병든 것을 너희가 들은 줄을 알고 심히 근심한지라"(빌 2:26). 바울이 사역 동역자에게 붙인 호칭에 모든 좋은 자질이 함축되어 있음에도 불구하고, 그는 에바브로디도를 빌립보에 돌려보내는 것이 필요하다고 보았다.

그를 떠나보낸 이유

표면상으로, 바울의 행동은 우리를 의아하게 하고 그 이유가 무엇인지 궁금하게 한다. 그러나 그가 "심히 근심한지라(was distressed)"라고 표현한 것으로 설명이 시작된다. 헬라어로는 심한 정신적, 육체적 번민으로 인해 혼란스럽고, 침착하지 못하고, 마음이 어수선한 상태를 말한다. 이는 예수님이 마태복음 26장 38절에서 겟세마네 동산에서 그분의 마음 상태를 말할 때 사용했던 것과 같은 단어이다. "이에 말씀하시되 내 마음이 매우 고민하여 죽게 되었으니." 이는 아주 심히 근심한 것을 뜻하며, 한 주석가가 말하기를 "이 근심은 심한 외상의 충격 후에 따라오는 것"과 같은 종류라고 하였다.

따라서 에바브로디도는 심히 근심했고, 그 이유는 "자기 병든 것을 너희가 들은 줄을 알고"라고 하였는데, 오늘날에는 공감하기가 어렵다. 왜냐하면 우리 사회는 개인적인 관계보다는 물질 소유에 더 관심이 있기 때문이다. 우리는 자주 상황에 대해서는 근심하는 동시에 사람들이 어떻게 느끼는지에 대해서는 무시한다.

그러나 에바브로디도는 그렇지 않았다. 빌립보 교인들과 바울과의 유대관계는 아주 깊어서 빌립보 교회가 바울의 상황에 대해 마음을 쓸 것을 알았기 때문에, 에바브로디도는 심히 스트레스를 받았고, 침착하지 못했고, 슬퍼했다. 따라서 바울은 에바브로디도를 빌립보 교인들에게 보내야만 한다고 느꼈다. 그렇게 해야 에바브로디도가 빌립보에 있는 사랑하는 형제들에게 가서 자신이 괜찮다고 안심시킴으로 근심하지 않게 될 수 있기 때문이었다. 또한 바울은 그와 함께 수고하는 자(fellow-worker)가 그의 사역을 계속 도울만한 마음의 평안이 없음을 알았다.

에바브로디도의 어려움은 정확히 무엇이었는가? 바울은 이것이 "병들어 죽게 되었다"(빌 2:27)고 하였고 "그리스도의 일을 위하여 죽기에 이르러도"(빌 2:30)라고 하였다. 바울은 이 구절 이상으로 병에 대해 설명하지 않는다. 나는 에바브로디도가 충격적인 상황을 맞아 그가 하나님의 은혜로 회복될 필요가 있을 만큼 심각한 상태에 있었다고 우리가 추론할 수 있다고 생각한다. 또한 빌립보서 2장 27절에서 "병(sick)"이라고 한 것은 기본적으로 "약함(weakness)"이라는 뜻이다. 이는 바울이 다른 데에서 자기 자신과 관련하여 같은 종류의 약함을 말할 때 사용되었다. "그러므로 내가 그리스도를 위하여 약한 것들과 능욕과 궁핍과 박해와 곤고를 기뻐하노니 이는 내가 약한 그 때에 강함이라"(고후 12:10). 이런 종류의 약한 것들은 적대적이고, 신을 믿지 않고, 핍박하는 환경 가운데에서 오는 결과이다.

그런데 왜 누군가는 그러한 힘들고, 스트레스 받고, 탈진되고, 심지어 그리스도를 위한 상황에 있으려 했는가? 에바브로디도는 기꺼이 그렇게 하는 것 이상이었는데, 이는 그의 희생적인 성품 때문이었다. 바울은 그가 "자기 목숨을 돌보지 아니한 것은 나를 섬기는 너희의 일에 부족함을 채우려 함이니라"(빌 2:30)고 설명하였다. 그는 '돌아보지 아니한(risking)'이라는 말에 대해 흥미로운 헬라어 동사 '파라볼레어사메노스(paraboleusamenos)'를 사용하였는데, 이것의 문자적인 의미는 '주사위를 굴리다'라는 뜻이다. 이를 통해 볼 때, 에바브로디도는 바울을 도울 때 생길 어떠한 종류의 위험에도 자신을 노출시켜 자신의 안락함과 안전을 기꺼이 내걸었다는 것이다. 에바브로디도는 아주 충성되고, 신실하고, 겸손하고, 불평하지 않고, 희생적이어서 빌립보 교인들을 대신하여 바울을 섬기는 데 자신의 목숨을 드렸다. 그는 자신보다 예수 그리스도, 사도 바울, 그리고 빌립보에 있는 형제들을 훨씬 더 사랑했다. 그는 바울을 위한 사역으로 고통 가운데 있었지만, 사랑하는 교회를 향해 두 배로 근심하였다.

그가 받아야 할 영접

에바브로디도는 겸손히 그 생각에 대해 가볍게 다루었겠지만, 바울은 그와 함께 수고하는 자가 그리스도를 위하고 다른 사람을 대신하여 희생적으로 섬기는 것은 크게 존경받을 만한 가치가 있다고 주장하였다. 따라서 바울은 빌립보 교인들에게 에바브로디도가 그들에게 돌아갈 때 제대로 영접해주라고 권고하였다. "이러므로 너희가 주 안에서 모든 기쁨으로 그를 영접하고 또 이와 같은 자들을 존귀히 여기라"(빌 2:29).

'영접하다(receive)'는 말은 '환영하다, 맞이하다, 받아들이다'라는 뜻이다. 로마서 15장 7절에서는 "그러므로 그리스도께서 우리를 받아 하나님께 영광을 돌리심과 같이 너희도 서로 받으라"고 하였다. 바울은 빌립보 교회에서 에바브로디도가 건강하게 돌아온 것을 기뻐하기를 원했다. 신자들은 그가 돌아오는 것이 실패해서 오는 것으로 여기지 않고, 그를 소중하고, 존경할 만한 사람으로 여기고, 교회는 그를 높이 평가받은 형제로 존중해야 했다.

에바브로디도, 바울과 빌립보 교회의 이 이야기는 그리스도인의 사랑, 동정, 이타적인 관심과, 자신이 선호하는 것에 대한 대가를 치루고라도 누군가를 위로해주려는 마음에 대한 최고의 기준을 보여주는 예가 된다. 바울은 자신이 투옥되는 환난이 있었다. 그리고 에바브로디도는 바울을 위하고 그와 함께하는 사역에 죽을 위험이 있었다. 그러나 이 모든 어려움에도 불구하고, 빌립보 교인들은 에바브로디도를 염려하였고, 에바브로디도는 빌립보 교인들을 염려하였다. 이는 바울이 이전에 빌립보서 2장에서 권고했던 실제적인 예이다.

아무 일에든지 다툼이나 허영으로 하지 말고 오직 겸손한 마음으로 각각 자기보다 남을 낮게 여기고 각각 자기 일을 돌볼 뿐더러 또한 각각 다른 사람들의 일을 돌보아 나의 기쁨을 충만하게 하라(빌 2:3~4).

두렵고 떨림으로 너희 구원을 이루라 너희 안에서 행하시는 이는 하나님이시니 자기의 기쁘신 뜻을 위하여 너희에게 소원을 두고 행하게 하시나니 모든 일을 원망과 시비가 없이 하라(빌 2:12~14).

신약에서 언급된 모든 평범한 신자 가운데에서, 에바브로디도보다 더 희생적인 섬김의 삶을 산 예는 거의 없다. 그는 대중에게 칭찬받기를 기대하지 않고 예수 그리스도로 인해 겸손히 섬겼다. 그는 사도 바울처럼 다른 사람보다 한 수 위에 있는 그런 사람이 아니었다. 에바브로디도는 디모데가 가졌던 영적으로 부여받은 탁월한 가르침의 은사, 말씀 선포의 은사, 지도력은 없었다. 대신에, 그는 평범하게, 무대 뒤에 있는, 신실하고 긍휼한 신자였다.

이러한 이유로, 날마다 삶에서 믿음의 발자취를 따르기를 원하는 우리 각 개인은 더더욱 그의 본을 바로 적용해야만 한다. 바울은 아주 소수이고, 디모데는 약간 있으나, 에바브로디도는 많이 있을 수 있다.

에바브로디도
: 희생적인 섬김의 모델

요약하기

에바브로디도의 희생적인 섬김의 예는 현시대를 사는 그리스도인들에게 가장 최고의 교훈적인 모델이다. 왜냐하면 그는 우리 대부분이 가장 친숙하게 느끼는 수준에서 섬겼기 때문이다.

생각하기

1. 당신의 첫 번째 영웅은 누구였는가? 어떤 영웅이 실제적으로 당신의 삶에 개인적으로 영향을 미쳐 긍정적인 변화를 가져왔는가?
2. 다른 사람들이 당신에 대해 기억할 때 어떤 호칭이나 설명하는 문구를 사용하였으면 하는가? 당신이 지금 이에 대한 좋은 예가 되고 있다고 생각하는가? 만일 그렇다면, 왜 그러한가?

대답하기

1. 우리가 과거의 희생적인 종들에 대해 인정하거나 동일시하지 못하도록 하는 주된 이유는 무엇이겠는가?
2. 빌립보 교인들이 바울에게 에바브로디도를 보낸 이유는 무엇인가? 그들이 그에게 하라고 한 것은 무엇인가?
3. 에바브로디도의 개인적인 성품의 주된 자질과 그가 바울에게 사자로서 가는 임무와 무슨 관계가 있는가?
4. "나의 형제"라는 호칭에 포함된 다양한 의미를 약술하라.
5. "함께 군사 된 자(fellow-soldier)"라는 호칭은 왜 영예로운 것인가?
6. "돕는다(minister)"에 대한 두 가지 기본적인 헬라어의 뜻은 무엇인가? 왜 이것이 에바브로디도에게 그토록 적합한 호칭이었는가?

7. "근심하다(was distressed)"는 표현의 의미에 대해 약술하라. 예수님에게 이 표현이 한 번 어떻게, 왜 적용되었던가(마 26:38)?
8. 에바브로디도에게 정확히 무슨 일이 있었기에 바울이 에바브로디도가 "병들어 죽게 되었다"고 말할 수 있었던 것인가? "병(sick)"이라는 것의 기본적인 의미는 무엇이고 이를 파생하게 한 것들은 무엇이겠는가?
9. 에바브로디도가 바울을 위해 힘든 상황에도 기꺼이 처하려 한 이유가 무엇인가(빌 2:30)?
10. 에바브로디도가 빌립보에 돌아왔을 때 빌립보 교인들이 그를 영접하는 태도는 어떠해야 했는가?

기도하기

당신이 알고 있는 몇 명의 선교사들을 위해 기도하라. 특히 힘든 지역에서 섬기는 분들을 위해 기도하라. 그들이 인내함으로 희생적으로 사역하고 그들이 분명한 방법으로 하나님께서 인정하심을 감지할 수 있도록 구하라. 하나님께서 당신에게 헌신과 겸손함을 주셔서 바울이 에바브로디도에게 부여했던 호칭처럼 가치 있는 자가 되게 해달라고 구하라.

진리 적용하기

가까운 기독교 서점이나 교회 도서관에서 이번 장의 서두에서 언급했던 사람들 중 한 명의 자서전을 얻어 읽으라. 당신의 친구에게 당신이 중요하게 깨달은 것을 나누라. 그리고 당신 자신의 사역에 당신이 배운 것을 적용하도록 하라.

JESUS CHRIST
: The Ultimate Example of Faith

예수 그리스도 : 궁극적인 믿음의 본

적절한 비유를 사용하는 것은 효과적으로 가르칠 때 중요한 부분이어서, 성경의 저자들도 큰 효과를 내기 위해 비유로 사용하였다. 사실, 신약은 기독교인의 삶을 일반적인 삶의 활동들에 자주 비유하였다.

사도 바울은 특히 경주에 비유하는 것을 좋아했다. 예를 들어, 그는 "운동장에서 달음질하는 자들이 다 달릴지라도 오직 상을 받는 사람은 한 사람인 줄을 너희가 알지 못하느냐 너희도 상을 받도록 이와 같이 달음질하라"(고전 9:24), "너희가 달음질을 잘하더니"(갈 5:7), "나의 달음질이 헛되지 아니하고"(빌 2:16)라고 기록하였다.

히브리서 저자도 그리스도 안에서의 신실한 삶은 경주와 같다는 비유를 사용하였다(히 12:1~3). 그러나 이는 세계적인 수준급의 운동선수들이 달리는 경주와 같은 것이 아니다. 그리스도께 그 믿음을 두고 있는 자들은 확실히 승리를 경험할 수 있는 경주자들이다. 안타깝게도, 너무도 많은 그리스도인이 대수롭지 않게 경주를 하여, 성공하기 위해 필요한 노력을 다하지 않거나, 심지어는 거의 뛰지 않는다.

이 책의 앞 장들에서 우리는 주님의 신실한 종들의 삶을 살펴보았는데, 그들 중 몇 명은 히브리서 저자가 믿음의 전당(Hall of Faith)에 포함시킨 사람들이다(히 11장). 히브리서 12장 1~3절에서 저자는 그리스도인들 — 과 믿음의 고백을 한 자들 — 에게 앞서 간 사람들의 발자취를 따르라고 하기 위해 경주의 비유를 사용한다. 그는 경주를 방해하는 요소들을 제거하고, 목표를 바라보고, 결승선에서 기다리고 있을 승리의 열매를 기대하며 인내함과 탁월함으로 믿음의 경주를 하자고 우리를 격려한다.

믿음의 본을 따름

히브리서 11장에서 저자는 믿음의 선진들을 언급하면서 시작한다. "이러므로 우리에게 구름같이 둘러싼 허다한 증인들이 있으니"(히 12:1). 경주를 하는 사람은 누구라도 잘 해내기를 원할 것이다 — 그는 이길 수 있는 공정한 기회가 있음을 알고 싶어 할 것이다. 반면, 왜 노력을 하는가? 다행히도 과거에 믿음의 삶을 산 위대한 그리스도인들이 우리의 동기와 격려가 된다. 우리는 그들이 한 것과 같은 믿음의 경주 — 방해나 고난이나 대가가 어떠하든지 상관없이 항상 신뢰하고, 포기하지 않는 — 를 하여 하나님의 축복을 받게 된다.

그들은 믿음의 경주를 어떻게 해야 하는지 알았다. 히브리서 저자는 어떻게 모세가 바로와 맞서고, 그의 궁전에서의 모든 쾌락과 특권을 포기하고 홍해를 건너게 되었는지를 설명하였다(히 11:24~29). 히브리서 저자는 다른 사람들이 그들의 믿음을 지키기 위하여 어떻게 고문받고, 조롱받고, 채찍에 맞고, 투옥되고, 돌로 맞는지 등에 대해 설명하였다(히 11:37~39). 우리는 이 책에서 구약과 신약의 특정 인물들이 어떻게 큰 시련들을 극복해냈는지를 보았다.

히브리서 12장 1절에서 "이러므로 우리에게 구름같이 둘러싼 허다한 증인들"은 우리가 경주를 잘하도록 응원하는 관중들로 구성된 것이 아니다. 그 증인들은 우리의 역사에 남을 만한 영적인 예들이고, 그들은 자신의 삶을 통해 믿음의 삶만이 우리가 진정으로 살아야 할 삶임을 증명해준다. 그들은 경주를 했고 결승점에서 하나님이 우리에게 승리를 주실 것에 대한 증인들이다.

우리를 앞서 간 사람들의 성공적인 예보다 더 격려가 되는 것은 없다. 왜냐하면 그들은 그것을 해냈고, 그들이 한 것처럼 우리도 달려갈 수 있도록 동기를 부여해주기 때문이다. 그리고 그들과 함께하셨던 하나님이 우리와도 함께하실 것에 대해 신뢰할 수 있도록 격려해준다. 그들의 하나님은 우리의 하나님이시다. 같은 하나님이 우리와 함께하시고, 우리가 그분을 신뢰한다면 그분은 우리에게 같은 은혜를 주실 수 있으시다. 이것이 우리가 믿음의 경주를 하게 하는 동기이다.

믿음의 경주

우리는 어떻게 믿음의 경주를 해야 하는가? 히브리서 저자는 "인내로써 우리 앞에 당한 경주를 하며"(히 12:1)라고 한다. 그는 우리에게 포기하지 말고 인내함으로 달리라고 말하고 있다.

내가 이전에 말했듯이, 안타깝게도 많은 그리스도인은 거의 경주를 하지 않는다. 어떤 사람들은 조깅을 하고, 어떤 사람들은 산책을 하고, 어떤 사람들은 거의 움직이지 않는다. 그러나 거룩한 삶에 대한 성경적인 기준은 공원을 산책하는 것이 아니라 경주이다.

경주는 헬라어로 '아곤(agon)'인데, 영어에서의 '고통(agony)'이란 단어가 여기에서 파생되었다. 이는 고통스러운 노고이다. 이는 녹

초가 되게 만들고, 훈련, 결심과 인내에 온전히 헌신할 것을 요구한다. 이것이 하나님께서 이스라엘에게 경고하신 이유이다. "화 있을진저 시온에서 교만한 자와 사마리아 산에서 마음이 든든한 자"(암 6:1). 우리는 하나님의 군대에서 "편하게"라는 말을 들은 적이 없다. 여전히 서 있거나 후진하게 되면 상을 잃게 된다.

인내로 경주함

'인내로 경주한다'는 것은 당신 안에서 모든 것이 느려지거나 포기하고 싶을 때에도 계속 달리라는 뜻이다. 내가 고등학교 때 처음으로 800미터를 달렸던 것을 기억한다. 나는 주로 100미터 달리기만 했었는데, 이는 순간 속력만 요하는 것이었다. 그래서 나는 800미터 달리기에서도 시작은 좋았다. 실제로 100미터 정도는 선두를 달렸다. 그러나 마지막에 완전 꼴찌였고, 죽을 것 같았다. 내 다리는 후들거렸고, 숨은 턱까지 차올라 결승선에서 쓰러졌다.

많은 그리스도인이 이렇게 삶을 산다. 그들은 빠르게 시작을 하지만 훈련되어지지 않고 영적으로 헤매게 되어 곧 장애나 방해거리를 만나면, 느려지고 포기하거나 픽 쓰러진다. 당신은 그리스도인의 경주는 단거리 경주가 아니라, 마라톤이라는 것을 이해해야만 한다. 마라톤에서 이기려면, 지치고 소진되는 것을 견디는 훈련을 받아야만

한다. 이는 그리스도인의 삶에도 마찬가지이다.

빌립보 교인들은 이를 이해해야 했기에, 바울은 "이는 너희가 흠이 없고 순전하여 어그러지고 거스르는 세대 가운데서 하나님의 흠 없는 자녀로 세상에서 그들 가운데 빛들로 나타내며"(빌 2:15), "운동장에서 달음질하는 자들이 다 달릴지라도 오직 상을 받는 사람은 한 사람인 줄을 너희가 알지 못하느냐 너희도 상을 받도록 이와 같이 달음질하라 이기기를 다투는 자마다 모든 일에 절제하나니 그들은 썩을 승리자의 관을 얻고자 하되 우리는 썩지 아니할 것을 얻고자 하노라"(고전 9:24~25)라고 기록하였다.

1등으로 경주함

그리스도인들 중에 이기려는 소망이 거의 없는 이들을 보는 것은 안타까운 일이다. 그들은 단지 구원받은 것에 만족하고 천국에 가기만을 기다린다. 그러나 그리스도인의 삶에서 이는 용납되지 않는다.

만일 당신이 예수 그리스도를 당신의 주님으로 섬기겠다고 고백했다면, 당신은 모든 노력을 기울여 최고로 섬겨야 한다. 만일 당신이 주일학교 교사라면, 당신이 할 수 있는 한 최고의 교사가 되어야 한다. 만일 당신이 가정주부라면, 당신이 할 수 있는 한 가정을 가장 훌륭하게 만들어야 한다. 그것만이 그리스도인의 삶을 살아가는 방식이다. 이는 훈련을 요하지만, 우리 자신의 우수함을 발휘하여 이기기 위해 경주해야만 한다.

바울은 이 원칙을 믿었다. 그는 안락함, 부, 인기, 존경, 지위나 어떤 것도 아닌 하나님의 뜻만을 추구하였다. 그는 "그러므로 나는 달음질 하기를 향방 없는 것 같이 아니하고 싸우기를 허공을 치는 것같이 아니하며 내가 내 몸을 쳐 복종하게 함은 내가 남에게 전파한 후에 자신이 도리어 버림을 당할까 두려워함이로다"(고전 9:26~27)고 말하였다. 이것이 바로 그리스도인의 헌신이다.

당신이 그리스도인으로서 인내할 수 있도록 하는 유일한 방법은 믿음이다. 인내하지 못하는 것은 주님을 신뢰하지 못하는 것이다. 당신은 "믿음의 방패"(엡 6:16)를 사용해야만 사단의 유혹에서 견딜 수 있다. 당신이 하나님을 신뢰하고 순종할 때 ― 하나님의 영의 능력 안에서 경주할 때 ― 사단과 죄는 당신에게 권세가 없다.

경주에서 잠재력을 극대화함

히브리서 저자는 권고함으로 연이어 그의 경주에 대한 비유를 들었다. "모든 무거운 것과 얽매이기 쉬운 죄를 벗어 버리고"(히 12:1). "무거운 것(encumbrance)"은 단지 벌크(bulk)나 다량을 말한다. 경주자에게서 중요한 문제 중 하나는 무게를 다루어야 하는 것이다. 그리스도인들 또한 무게의 문제를 갖고 있다. 우리에게 무거운 것은 어떤 것이라도 우리의 집중을 분산시키고, 기력을 약화시키고, 하나님의 뜻을 향한 열정을 꺾어 놓는다. 경주자가 초과된 무게를 지고 갈 때 이길 수 없는 것처럼 우리도 그러하다.

대부분의 스포츠에서, 특히 속력과 인내가 중요한 경기에서 체중을 재는 것은 일과 중 하나이다. 이는 아주 간단한 것이나, 한 사람의 신체 상태를 측정할 수 있는 가장 믿을 만한 검사이다. 운동선수가 체중 한계를 넘어서면, 그는 운동과 더 엄격한 식이요법으로 적정선까지 무게를 줄여야 한다.

너무 많은 옷을 입는 것도 방해가 된다. 경주가 시작될 때, 운동선수들은 예의에 벗어나지 않는 최소한의 복장만 갖추고 달린다. 그들은 자신이 어떻게 보이는지에 관심을 기울이지 않는다. 그러나 안타깝게도 많은 그리스도인은 영적인 상태보다는 외모에 더 관심을 갖는다. 그 결과, 예수 그리스도를 향한 그들의 간증에 심각한 방해를 받는다.

자기 의를 없앰

히브리서 저자가 언급하고 있는 영적으로 무거운 것(emcumbrances)이 무엇인지 우리는 확실히 알지 못한다. 그러나 문맥상으로 볼 때 이 것의 주요 문제는 유대의 종교주의라고 본다. 죽은 것 같은 신앙은 많은 유대교 신자의 특징이었다. 유대주의의 형식, 예식, 규칙들은 더 이상 어떠한 가치도 없었다. 왜냐하면 그것들의 목적은 그리스도를 가리키고 있는 것이었기 때문이다. 하나님은 영적인 삶에 대한 새로운 실재였고, 형식들은 사람들이 그리스도에게서 다른 곳으로 관심을 돌리도록 하는 방해거리가 되었다. 유대인 신자들이나 신자가 되려는 사람들은 이 모든 무거운 짐을 지고 가면서 그리스도인의 경주를 하는 것이 불가능했다.

갈라디아 교회들 중 몇 교회는 이와 같은 문제에 봉착했다. 바울은 "내가 그리스도와 함께 십자가에 못 박혔나니 그런즉 이제는 내가 사는 것이 아니요 오직 내 안에 그리스도께서 사시는 것이라 이제 내가 육체 가운데 사는 것은 나를 사랑하사 나를 위하여 자기 자신을 버리신 하나님의 아들을 믿는 믿음 안에서 사는 것이라 내가 하나님의 은혜를 폐하지 아니하노니 만일 의롭게 되는 것이 율법으로 말미암으면 그리스도께서 헛되이 죽으셨느니라"(갈 2:20~21)라고 했다. 그는 또한 "어리석도다 갈라디아 사람들아 예수 그리스도께서 십자가에

273

14장 예수 그리스도: 궁극적인 믿음의 본

못 박히신 것이 너희 눈 앞에 밝히 보이거늘 누가 너희를 꾀더냐 내가 너희에게서 다만 이것을 알려 하노니 너희가 성령을 받은 것이 율법의 행위로냐 혹은 듣고 믿음으로냐 너희가 이같이 어리석으냐 성령으로 시작하였다가 이제는 육체로 마치겠느냐"(갈 3:1~3)고 말하였다. 그의 요지를 좀 더 분명하게 하기 위해 바울은 이렇게 말하였다. "이제는 너희가 하나님을 알 뿐 아니라 더욱이 하나님이 아신바 되었거늘 어찌하여 다시 약하고 천박한 초등학문으로 돌아가서 다시 그들에게 종 노릇 하려 하느냐"(갈 4:9). 일단 당신이 그리스도인의 경주를 시작하면, 예전의 옷으로 인해 무거울 필요가 없다.

죄를 없앰

그리스도인의 삶에 더 심각한 방해거리는 죄이다. "얽매이기 쉬운 죄를 벗어 버리고"(히 12:1). "죄" 앞에 정관사(the)를 사용한 것은 특정한 죄들을 가리키는 것이다. 일반적으로 가장 믿음의 경주를 방해하는 특정한 죄는 불신앙이나 하나님에 대한 의심이다. 당신은 의심하며 믿음의 삶을 사는 것을 동시에 할 수 없다 — 이들은 대조되는 것이다.

불신앙은 우리의 발을 "얽매어(entangle)" 넘어지게 함으로 효과적으로 달릴 수 없게 한다. 저자는 그 죄가 "우리를 얽매이기 쉽다"고

하였다. 우리는 그 불신앙의 죄가 삶을 다스리도록 할 때, 우리가 주님을 구하는 데 사단이 방해하기 쉽게 만드는 것이다.

경주에서 목표에 초점을 맞추는 것

당신은 어떻게 경주에서 방해를 받지 않을 수 있는가? 당신이 달릴 때, 어디를 보는가가 중요하다. 경주하면서 당신의 발이나 다른 사람들을 보는 것처럼 당신이 제대로 뛰지 못하게 하거나 속력을 저하시키는 것은 없을 것이다. 이는 그리스도인의 경주에서도 마찬가지로, 히브리서 저자는 우리가 어떻게 해야만 하는지를 말한다. "믿음의 주요 또 온전하게 하시는 이인 예수를 바라보자 그는 그 앞에 있는 기쁨을 위하여 십자가를 참으사 부끄러움을 개의치 아니하시더니 하나님 보좌 우편에 앉으셨느니라"(히 12:2).

우리는 자신을 높이는 사회에서 살기 때문에, 대부분의 그리스도인은 자기 자신에만 관심을 갖기 쉽다. 그들 대부분이 이기적이거나 자기중심적이어서 그런 것이 아니라, 그리스도인의 삶을 어떻게 살아야 하고, 어떻게 살면 안 되는지에 대해 자신이 하고 있는 것에만 심히 집중하고 있기 때문이다. 분명히 우리는 이 점에 대해서 자신을 평가해 볼 필요가 있다(고후 13:5). 그러나 만일 우리가 자신에만 너무 집중해있다면, 결코 주님을 향한 경주를 잘할 수 없을 것이다. 다른 사람들을 돌아보는 것은 아주 중요하지만, 우리의 초점이 우리에게 만 맞추어져 있다면, 우리는 또 걸려 넘어질 것이다. 오히려, 우리는 성령으로 충만해져야 한다. 그리고 우리가 그렇게 될 때, 예수 그리스 도께 초점을 맞추게 될 것이다. 왜냐하면 성령께서 그분께 집중하고 있기 때문이다(요 16:14). 우리가 그리스도께 초점을 맞출 때에, 우리 는 자신과 다른 사람들에 대해 그분의 시각으로 보게 될 것이다.

믿음의 주

우리가 예수 그리스도께 초점을 맞추어야 하는 이유는 그가 "믿음의 주"(히 12:2)이시기 때문이다. 이는 그분은 원조이고 개척자이고, 시 작하고 이끄는 자라는 뜻이다. 모든 믿음의 원조이신 예수는 노아의 믿음, 아브라함의 믿음, 바울의 믿음과 우리의 믿음의 근원이 되신다. 바울은 "우리 조상들이 … 다 같은 신령한 음식을 먹으며 다 같은 신 령한 음료를 마셨으니 이는 그들을 따르는 신령한 반석으로부터 마 셨으매 그 반석은 곧 그리스도시라"(고전 10:1, 3~4)고 말하였다.

　　그러나 나는 히브리서 12장 2절에서 "주(author)"라는 말의 기본적 인 의미는 "최고 지도자" 또는 "가장 뛰어난 예"라는 뜻이라고 믿는

다. 예수 그리스도는 우리의 탁월한 믿음의 본이 되신다. 그분은 "모
든 일에 우리와 똑같이 시험을 받으신 이로되 죄는 없으시니라"(히
4:15). 사단이 광야에서 예수님을 시험할 때, 그분은 하나님의 말씀을
신뢰하셨다. 예수님은 단지 음식을 얻기 위해, 또는 아버지의 보호나
주되심을 시험하기 위해 아버지의 뜻을 교묘하게 회피하지 않았다
(마 4:1~10). 예수님은 자신의 필요로 만난 하나님을 기다렸다. 예수
님은 모든 것에서 그분을 신뢰하셨다. "내가 아무것도 스스로 할 수
없노라 듣는 대로 심판하노니 나는 나의 뜻대로 하려 하지 않고 나를
보내신 이의 뜻대로 하려 하므로 내 심판은 의로우니라"(요 5:30).

겟세마네 동산에서, 예수님이 잡혀 사형을 언도받고 십자가에 못
박히시기 전에, 예수님은 하나님 아버지께 이렇게 말씀하셨다. "조금
나아가사 얼굴을 땅에 대시고 엎드려 기도하여 이르시되 내 아버지
여 만일 할 만하시거든 이 잔을 내게서 지나가게 하옵소서 그러나 나
의 원대로 마시옵고 아버지의 원대로 하옵소서"(마 26:39). 예수님은
인간 생활에서 가장 심한 고통을 맞이해야 할 때가 왔음을 아셨다. 그
러나 그는 하나님 아버지의 뜻을 신뢰하였다. 주님의 발자취를 따르
기 위해서, 우리는 예수님이 하나님의 뜻에 믿음의 헌신을 하신 것을
맞추어 보아야만 한다.

믿음을 온전케 하시는 이

믿음을 온전하게 하시는 이로서, 예수님은 이를 온전하게 완성하셨다. 그는 "다 이루었다"(요 19:30)고 하시고, "아버지 내 영혼을 아버지 손에 부탁하나이다"(눅 23:46)라고 하시며 죽는 순간까지 아버지를 신뢰하셨다. 그러나 예수님은 임무를 그저 마치기만 한 것은 아니었다 ─ 그분은 이를 완벽하게 하셨다. 예수님은 아버지가 이루라고 의미했던 것을 정확하게 해내셨다. 그분의 태생에서 죽음에 이르기까지, 예수님은 아버지의 뜻을 이루는 데 온전히 헌신하였고, 그 뜻은 아들의 죽음과 부활을 통하여 구원을 베푸시는 것이었다. 믿음으로 예수님은 "십자가를 참으사 부끄러움을 개의치 아니하시더니"(히 12:2). 우리는 예수님이 고난받으신 것을 시작하지도 않았으면서 왜 모든 것에서 하나님을 신뢰하지 못하는가? "너희가 죄와 싸우되 아직 피흘리기까지는 대항하지 아니하고"(히 12:4).

앞의 장들에서 보여준 위대한 인물들은 훌륭한 믿음의 모델들이나, 그들 중 어느 누구도 예수님의 온전한 믿음의 행보와는 비길 수 없다. 왜냐하면 그분은 너무도 높은 믿음의 본을 보이셨기 때문에, 우리는 사는 동안 그분께 시선을 고정시켜야 한다(고후 3:18 참조).

승리의 열매를 즐김

어느 누구나 상 받기를 기대하며 마라톤 경주를 한다. 그리고 이는 믿음의 경주에서도 마찬가지이다. 만일 당신이 결승선에서 얻을 무언가를 기대하지 않는다면, 당신은 시작도 않을 것이고, 경주가 끝나도록 내버려 둘 것이다. 따라서 히브리서 저자는 예수님의 믿음의 결과로 우리를 격려한다. "그는 그 앞에 있는 기쁨을 위하여 십자가를 참으사 부끄러움을 개의치 아니하시더니 하나님 보좌 우편에 앉으셨느니라"(히 12:2).

예수님은 단지 즐거움을 경험하기 위해서만 믿음의 경주를 하신 것이 아니다. 분명 주님은 치유하고, 위로하고, 격려하고, 사람들을 구원하며 큰 기쁨을 누리셨다. 그러나 예수님은 하나님 아버지의 임재와 하늘의 영광을 떠나지 않으시고, 사단의 유혹과 공격을 견디시고, 원수들의 손에서 참람함과 십자가의 고난을 겪으셨고, 이 땅에 계신 동안 누렸던 즐거움의 대가로 제자들로부터의 오해와 부인을 참아내셔야 했다. 그분은 이보다 더한 것에 의해 동기부여가 되셨다.

예수님이 지상 사역을 마쳤을 때 하늘에서 기다리고 있었던 것만이 예수님이 겪고 참아야 했던 것들을 하도록 동기부여할 수 있었다. 예수를 동기부여한 것은 두 가지였다. 이는 "그 앞에 있는 즐거움"과

"하나님 보좌 우편에 앉으시는 것"이었다. 예수님은 대제사장적인 기도에서 아버지께 이렇게 말씀하셨다. "아버지께서 내게 하라고 주신 일을 내가 이루어 아버지를 이 세상에서 영화롭게 하였사오니 아버지여 창세 전에 내가 아버지와 함께 가졌던 영화로써 지금도 아버지와 함께 나를 영화롭게 하옵소서"(요 17:4~5). 예수님은 이 땅에서 아버지의 성품을 보이시고 그 아버지의 뜻을 이룸으로 하나님을 영화롭게 하였다.

우리도 예수님이 하셨던 것과 같은 이유로 경주하고, 같은 방식으로 승리를 성취한다. 우리는 이 땅에서 그분을 영화롭게 하면 그것이 우리의 것이 될 것이라는 하나님의 약속으로 즐겁게 달린다. 우리 주님을 본받아, 우리를 통해 그분의 특성들이 빛나도록 하고 그분의 뜻에 순종함으로 하나님을 영화롭게 한다.

그러나 우리는 또한 신실한 섬김에 대한 하늘의 보상을 기대함으로 지금도 즐거움을 경험할 수 있다. 바울을 통해 회심한 자들은 그분의 "기쁨이요 면류관"(빌 4:1)이었고 "소망이나 기쁨이나 자랑의 면류관"(살전 2:19)이었다. 바울이 그리스도 안에서 구원으로 이끈 사람들은 그가 사역을 통해 하나님을 영화롭게 했다는 증거였다.

그러므로 마지막에 받게 될 보상은 우리가 "오직 한 일 즉 뒤에 있는 것은 잊어버리고 앞에 있는 것을 잡으려고"하게 하고, "푯대를 향하여 그리스도 예수 안에서 하나님이 위에서 부르신 부름의 상"을 위하여 좇아가도록 하는 동기가 된다(빌 3:13~14). 사도는 "이제 후로는 나를 위하여 의의 면류관이 예비되었으므로 주 곧 의로우신 재판장이 그날에 내게 주실 것이며 내게만 아니라 주의 나타나심을 사모하는 모든 자에게도니라"(딤후 4:8)고 말한다. 우리가 천국에 갔을 때, 우리는 이십사 장로들이 "자기의 관을 보좌 앞에 드리며 이르되 우리 주 하나님이여 영광과 존귀와 권능을 받으시는 것이 합당하오니"(계 4:10~11)라고 하는 것에 동참할 수 있다.

우리가 그리스도인의 삶의 경주를 하고 믿음의 위대한 인물들의 발자취를 따랐을 때, 우리는 의로움의 면류관을 받게 될 것을 기쁨으로 고대할 수 있고, 이 면류관은 우리가 그분을 영원히 사랑한다는 증거로 주님의 발 앞에 던져지게 될 것이다.

예수 그리스도
: 궁극적인 믿음의 본

요약하기

경주의 비유를 사용하여(히 12:1), 그리스도인들은 모든 방해를 벗어버리고 믿음의 경주를 뛰어나게 해내야 한다고 하였다. 만일 우리가 예수 그리스도, 믿음의 주, 온전하게 하시는 이에게 초점을 맞추면, 우리는 영적인 승리의 열매를 즐기게 될 것이다.

생각하기

1. 광고주들은, 특히 라디오와 텔레비전에서 삶의 다양한 면을 위해 많은 비유를 사용한다. 당신은 광고에서 이러한 메시지를 잘 전달하고 있다고 생각하는가? 이들 중 가장 좋아하는 것과 싫어하는 것은 무엇인가?
2. 당신은 우수함을 추구하는 것이 완벽하게 되려는 강박관념에 사로잡히는 것으로 변질될 수 있다고 보는가? 그것이 나쁜 것일까? 왜 그러한가 또는 왜 그렇지 않은가? 당신은 당신의 직업이나 취미의 어떤 면에서 완벽하게 되려고 하는가?

대답하기

1. 사도 바울이 그리스도인의 삶에 대한 비유로 자주 사용한 것 중 한 가지는 무엇인가(고전 9:24)?
2. 히브리서 12장 1절에서 말하는 "우리에게 구름같이 둘러싼 허다한 증인들"은 누구인가?
3. 헬라어로 경주(race) 라는 말에 포함된 의미는 무엇인가?
4. 그리스도인의 삶과 같은 올림픽의 유명한 경기는 무엇인가?
5. 성공적으로 그리스도인의 인내를 하기 위한 열쇠는 무엇인가(엡 6:16)?

7. 영적인 무거움에 포함될 수 있는 것들의 예를 들어보라(히 12:1). 히브리서 저자가 유대인 신자들에게 언급했을 무거운 것은 무엇인가?
8. 갈라디아 교회는 그리스도인의 경주를 성공적으로 하려고 그들의 잠재성을 극대화하기 위해 어떻게 해야 했는가?
9. 신자들이 경주를 하려할 때 쉽게 방해하는 구체적인 죄는 무엇인가?
10. 예수님을 "믿음의 주"라고 표현한 것은 무슨 의미인지 정의해보라.
11. 예수님이 지상에 계실 때 아버지의 뜻을 순종적으로 이루어 내도록 동기부여한 두 가지는 무엇이었는가? 이것이 어떻게, 왜 우리에게도 동기가 되어야만 하는가(성경구절을 제시하라)?

기도하기

새로운 인내함으로 믿음의 경주를 하게 도와달라고 구하고 당신을 방해하는 것이 무엇인지를 알고 그것을 벗어버릴 수 있게 해달라고 하라. 하나님께 "믿음의 주요 온전케 하시는 이"가 되시고, 경주를 할 때 바라볼 수 있는 궁극적인 본이 되시는 아들을 보내주심에 감사드리라.

진리 적용하기

믿음의 경주에서 매일 당신의 진보를 점검해보라. 매일 밤 당신이 우수함으로 경주하는 데 도전이나 방해가 되었던 것을 기록하라. 그것들을 어떻게 다루었는지를 기록하고, 앞으로 어떻게 이를 개발할 수 있을지를 적으라. 14장에서 언급되었던 주요 말씀들을 읽고, 묵상하고, 암송하라.